Cosa c'è che non va nella Società Oggi

Una conversazione sulle questioni sociali contemporanee.

Di Rove Monteux

Rove Monteux è un individuo poliedrico noto per la sua competenza in vari campi, tra cui strategia, gestione dei prodotti, design, composizione, musica e produzione. Nato e cresciuto a São Paulo, Brasile, Rove ha anche vissuto in Irlanda ed attualmente si trova a Brno, in Repubblica Ceca. La passione di Rove per la creatività e la risoluzione dei problemi è emersa fin da giovane.

Armato della sua conoscenza combinata di strategia e gestione dei prodotti, Rove si è distinto nei suoi ruoli di product manager, designer e sviluppatore. Ha collaborato con diverse startup tecnologiche e aziende consolidate, guidando team interfunzionali nella creazione di prodotti e servizi all'avanguardia. La competenza di Rove nel design centrato sull'utente, nella ricerca di mercato e nelle metodologie agili gli ha permesso di guidare lanci di prodotti di successo e favorire la soddisfazione del cliente.

Oltre al suo lavoro nell'industria tecnologica, oggi Rove Monteux è un compositore, musicista e produttore affermato, con il suo lavoro che abbraccia una vasta gamma di progetti.

Rove Monteux
https://medium.com/@rove.monteux
https://youtube.com/@rovemonteux
https://behance.net/rovemonteux

La conoscenza acquisita per costrizione non prende radici nella mente.

Platone, "La Repubblica".

Prologo

Negli angoli silenziosi delle case del tè, dove l'aroma del tè appena preparato si mescola con gli echi sussurrati dell'introspezione, mi trovo immerso nella contemplazione. All'interno del labirinto intricato delle complessità della società, intraprendo un'odissea di comprensione, alla ricerca dei fili sfuggenti che tessono insieme il tessuto dei nostri tempi difficili. In questo viaggio di introspezione, sono guidato dagli spiriti del passato e del presente, i cui sussurri permeano l'aria, spingendomi a esplorare le profondità enigmatiche della nostra esistenza collettiva.

Poiché è in questi momenti frammentati, quando il mondo sembra vacillare sull'orlo dell'incertezza, che mi sento obbligato a riflettere su ciò che è andato storto. La società, un tempo baluardo di valori condivisi e armonia comunitaria, ora appare frammentata e delusa. La nostra coscienza collettiva, offuscata dalla brama e dall'indifferenza, si confronta con la sconcertante domanda su ciò che ci ha smarriti.

Attraverso la lente della percezione, osservo la disintegrazione del tessuto morale, l'erosione dell'empatia e la perdita della compassione. Il nostro tessuto una volta vibrante di diversità, ora strappato e lacerato, è segnato da intolleranza e pregiudizio. I legami che un tempo ci univano in un senso condiviso di scopo e appartenenza sono appassiti, lasciando dietro di sé un paesaggio frantumato di alienazione e isolamento. Nel campo della politica, la cacofonia dei giochi di potere soffoca le autentiche voci del popolo. Un balletto tossico di manipolazione e inganno si svolge, poiché gli interessi egoistici prevalgono sulla giustizia e l'uguaglianza. Cosa c'è che non va nella società di oggi?

Le Voci Scomparse della Classe Media

Tra i paesaggi sempre mutevoli delle società moderne, esiste un'entità fugace la cui esistenza pende delicatamente tra le aspirazioni delle *classi più basse* e la predominanza delle *élite ricche*. Questa entità, nota come *classe media*, è da lungo tempo considerata la base della stabilità economica, un ponte tra privilegio e povertà.

Tuttavia, mentre il passare del tempo svela i suoi misteri, non si può fare a meno di notare un inquietante fenomeno che si svela sotto i nostri occhi: una sparizione inquietante della classe media, un atto di scomparsa che lascia i poveri languire nella miseria mentre i ricchi si abbandonano all'opulenza.

Per esplorare questa narrazione, dobbiamo navigare tra i corridoi intricati della nostra coscienza collettiva. Il nostro mondo è anche esso un palinsesto di contraddizioni, che si rivela attraverso strati di storia, ideologia e potere.

L'ascesa e la Caduta della Classe Media.

L'ascesa e la caduta della classe media non sono fenomeni confinati a una singola nazione o cultura. Riverberano al di là delle frontiere, manifestandosi come una sinfonia di forze economiche in un mondo globalizzato. Assisitiamo alla disintegrazione della classe media sotto il peso di una disuguaglianza crescente, un disfacimento che macchia la stessa trama della società. La sua scomparsa fa eco all'emergere del populismo, dell'agitazione sociale e all'erosione dei valori condivisi, minacciando le fondamenta della democrazia (anche se una democrazia non basata su referendum non è veramente una democrazia) e della coesione sociale.

Man mano che il divario tra ricchi e poveri si amplia, le voci emarginate dei più impoveriti diventano solo un sussurro nel clamore dei pochi privilegiati.

I poveri, intrappolati in cicli di povertà intergenerazionale, si trovano a combattere contro gli spettri delle opportunità negate. I loro sogni di mobilità sociale, un tempo nascosti nel grembo della classe media, si dissipano ora come sottili volute di fumo nel vento. I poveri rimangono poveri. Nel frattempo, gli élite ricchi, sostenuti da vantaggi ereditati e protetti da sistemi disuguali, raggiungono altezze sempre maggiori, plasmando i paesaggi politici e dettando politiche economiche.

L'erosione della classe media non è solo una conseguenza delle fluttuazioni economiche, ma un complesso intreccio di potere, ideologia e trasformazione sociale. La crescita delle ideologie neoliberali, che enfatizzano la deregolamentazione, la privatizzazione e le forze di mercato, ha aperto la strada al trionfo dei pochi a discapito dei molti.

La meritocrazia, un tempo promessa, si rivela come un'illusione, infrangendo i sogni di coloro che credevano nell'idea che solo il duro lavoro avrebbe portato alla prosperità.

La classe media, un tempo baluardo di stabilità, si ritrova inghiottita in un vortice di incertezza. Le fondamenta stesse della loro sicurezza economica crollano, mentre le forze della globalizzazione rendono le frontiere permeabili, permettendo ai ricchi di accumulare fortune al di là dell'immaginazione, la loro ricchezza oltrepassando i confini nazionali.

Dobbiamo affrontare le dure realtà del nostro tempo. Dobbiamo ascoltare il suo appello a riesaminare le strutture che perpetuano l'ineguaglianza e l'ingiustizia, a sfidare le narrazioni prevalenti che glorificano l'accumulo di ricchezza a ogni costo. La scomparsa della classe media non è un fenomeno naturale, ma una conseguenza delle scelte deliberate fatte da coloro che detengono il potere. È una testimonianza del fallimento della nostra coscienza collettiva, una bancarotta morale che minaccia l'essenza stessa della nostra umanità.

Permettetemi di ricordarvi che la letteratura, l'arte e la cultura hanno un ruolo importante nell'alleviare tutto ciò, poiché hanno il potere di colmare le divisioni e accendere le fiamme dell'empatia. Hanno la capacità di suscitare l'introspezione, mettere in discussione credenze radicate e catalizzare il cambiamento sociale. È attraverso la rielaborazione collettiva delle nostre strutture sociali, attraverso le narrazioni tessute da artisti e intellettuali, che possiamo riconquistare le voci scomparse della classe media e stabilire un mondo più equo.

Siamo testimoni della scomparsa della classe media, riconoscendo la sua scomparsa non come un fatto compiuto, ma come un appello all'azione.

Coltiviamo una società che valorizzi l'inclusione, che riconosca la dignità e il valore di ogni individuo, indipendentemente dalla loro condizione economica. Solo così possiamo sperare di colmare i profondi abissi dell'ineguaglianza e ridestare un mondo in cui le voci della classe media risuonano nuovamente, assicurando che i poveri non languano più nella disperazione mentre i ricchi si godono eccessi di lusso.

Mentre contempliamo la scomparsa della classe media e l'aggravarsi del divario tra ricchi e poveri, diventa essenziale approfondire i meccanismi che sostengono la ricchezza dei pochi privilegiati.

È in questa esplorazione che iniziamo a discernere un aspetto sottile ma significativo: la necessità per i ricchi di coltivare la convinzione tra le masse che anche loro hanno il potenziale per raggiungere ricchezza e prosperità.

La perpetuazione dell'idea che chiunque possa diventare ricco serve a un duplice scopo per l'elite ricca.

Innanzitutto, agisce come una cortina fumogena, nascondendo gli vantaggi sistemici e le disuguaglianze radicate che contribuiscono alla loro stessa ricchezza. Propagando l'idea che il successo sia determinato unicamente dal merito individuale e dall'impegno, i ricchi deviano l'attenzione dalle barriere strutturali che ostacolano la mobilità sociale e l'uguaglianza economica. Questa narrazione consente loro di mantenere lo status quo, preservando la propria posizione di privilegio senza affrontare una diffusa scrutinio o richieste di misure redistributive.

In secondo luogo, alimentando l'illusione di mobilità verso l'alto, i ricchi sfruttano le speranze e le aspirazioni della classe media e dei poveri. Si approfittano del desiderio collettivo di sicurezza finanziaria e avanzamento sociale, trasformandolo in una potente forza motivazionale. La promessa di ricchezza agisce come una carota che viene agitata allettantemente davanti alle masse, generando una falsa speranza che spinge le persone a lottare e lavorare instancabilmente, rafforzando nel contempo i motori economici che sostengono la prosperità stessa dei ricchi.

Questo concetto, ingegnosamente creato e diffuso attraverso vari canali, crea una mentalità pervasiva di "aspirazione". Infonde nelle persone la convinzione che con sufficiente duro lavoro, determinazione e forse un pizzico di fortuna, anche loro possano scalare la scala socioeconomico. Questa convinzione non solo mantiene le masse impegnate nella ricerca del successo personale, ma alimenta anche una cultura dell'individualismo e della competizione che radica ulteriormente le strutture di potere esistenti.

Inoltre, i ricchi si posizionano strategicamente come simboli di successo, proiettando un'immagine di opulenza, lusso e realizzazione.

Attraverso i media, la pubblicità e narrazioni attentamente curate, essi costruiscono un mondo da sogno di abbondanza e ricchezza, affascinante ma perennemente irraggiungibile per la maggioranza. Questo spettacolo di ricchezza serve a creare un senso di desiderabilità, un miraggio aspirazionale che alimenta i modelli di consumo e perpetua il ciclo della crescita economica, beneficiando in ultima analisi gli stessi individui che controllano i mezzi di produzione e l'accumulo di capitale.

Essenzialmente, i ricchi hanno bisogno che le masse credano nella possibilità della propria ascesa alla ricchezza per mantenere i propri imperi finanziari. Fomentando questa credenza, assicurano un costante approvvigionamento di lavoro, consumatori e contribuenti che sostengono la loro dominanza economica. L'attrattiva della prosperità diventa uno strumento potente che non solo perpetua le disuguaglianze esistenti, ma devia anche l'attenzione dalle ingiustizie strutturali che perpetuano la concentrazione di ricchezza e potere.

Per affrontare veramente la scomparsa della classe media e l'ineguaglianza pervasiva che affligge le nostre società, dobbiamo superare l'illusione della mobilità ascendente. Dobbiamo esaminare criticamente, come società, i sistemi e le strutture che perpetuano queste disparità e sfidare le narrazioni che sostengono lo status quo.

Dismantellando la facciata dell'attuazione universale della ricchezza, possiamo iniziare a sostenere una società più equa e giusta, che valorizzi il valore intrinseco di tutti gli individui anziché perpetuare un falso sogno di ricchezze irraggiungibili.

Conoscenza ed Educazione

La conoscenza che viene imposta a qualcuno o ottenuta attraverso la coercizione non penetra veramente nella mente né ha un impatto duraturo. - Platone, "La Repubblica".

La vera conoscenza proviene dalla curiosità, dalla volontà e dall'interazione personale.

È attraverso la ricerca della conoscenza guidata dalla motivazione intrinseca e da un interesse genuino che si può davvero interiorizzare e conservare ciò che si impara.

L'educazione dovrebbe essere un processo trasformativo che risveglia la curiosità innata e il potenziale intellettuale delle persone.

Perché la conoscenza sia significativa e influente, deve essere cercata attivamente e abbracciata dal discente. È attraverso l'acquisizione volontaria della conoscenza che si può impegnarsi appieno con la materia, riflettere criticamente su di essa e applicarla in modo significativo.

La vera apprendimento va oltre la memorizzazione meccanica o l'assorbimento passivo delle informazioni.

Quando la conoscenza è cercata volontariamente e con entusiasmo, ha il potere di plasmare e arricchire la mente, portando a una comprensione più profonda di sé stessi e del mondo.

Nel complesso intreccio del nostro panorama educativo, dove le rigide strutture della tradizione si intrecciano con gli echi sbiaditi dell'autorità pedagogica, si rivela una verità lamentevole: un'accusa allo stato attuale del nostro obsoleto sistema educativo. Questa verità svela i difetti intrinseci che affliggono l'essenza stessa del nostro approccio alla conoscenza e all'apprendimento.

In questo ambito accademico, assistiamo a un fenomeno che permea le nostre aule e soffoca la crescita intellettuale delle generazioni future. Si tratta dell'imposizione della conoscenza, imposta sulle menti desiderose come un peso opprimente, che si contrappone alla vera comprensione. Infatti, la conoscenza che viene imposta, che viene spinta su qualcuno contro la sua volontà, non riesce a penetrare le profondità della mente e lascia solo lievi impronte sulla superficie della coscienza.

La vera conoscenza, nella sua forma più pura, sgorga da una curiosità intrinseca, da una volontà e da un coinvolgimento personale. È una fiamma che danza nei recessi dell'anima, illuminando il percorso dell'esplorazione intellettuale e della scoperta di sé. Questa curiosità innata, questo bruciante desiderio di sapere, è la forza trainante che spinge gli individui verso un coinvolgimento significativo nel mondo delle idee.

L'educazione, nel suo nucleo, dovrebbe essere un viaggio trasformativo, un'odissea che risveglia le facoltà dormienti della mente, creando un profondo legame tra l'apprendista e la materia di studio. Tuttavia, il nostro attuale sistema, impregnato delle tradizioni del passato, spesso non riconosce l'importanza fondamentale della motivazione intrinseca e dell'interesse genuino nella ricerca della conoscenza.

Il regno dell'accademia è un sistema educativo che privilegia la conformità rispetto alla curiosità, la memorizzazione meccanica rispetto al pensiero critico e l'assorbimento passivo rispetto alla partecipazione attiva.

Per sbloccare veramente il potenziale dell'istruzione, dobbiamo abbracciare un cambiamento di paradigma: un allontanamento dalle nozioni arcaiche che confinano l'apprendimento in quadri rigidi e programmi predeterminati. Dobbiamo coltivare come società un ambiente che incoraggi l'apprendimento autodiretto, in cui gli studenti siano abilitati a intraprendere i propri viaggi intellettuali, guidati dalle loro passioni e dalla curiosità innata. In un tale regno, i confini tra insegnante e studente si confondono, poiché la ricerca del sapere diventa una danza collaborativa, una condivisione dell'esplorazione delle idee, in cui le domande superano le risposte e la creatività fiorisce.

L'apprendimento, nella sua manifestazione più profonda, va oltre i confini della memorizzazione e della ripetizione meccanica. È un processo trasformativo che permea ogni aspetto della nostra esistenza, andando oltre le aule scolastiche. Quando la conoscenza è ricercata volontariamente e con entusiasmo, si intreccia nel tessuto del nostro essere, modellando le nostre prospettive, informando le nostre azioni e arricchendo la nostra comprensione di noi stessi e del mondo. Mentre percorriamo i tortuosi sentieri delle nostre istituzioni educative, ascoltiamo il richiamo alla riforma, una chiamata chiara a smantellare le catene della conformità e abbracciare il potenziale illimitato dell'apprendimento autentico. È attraverso l'acquisizione volontaria della conoscenza, alimentata dalla curiosità e guidata dall'interesse personale, che possiamo accendere la scintilla della curiosità intellettuale in noi stessi e sbloccare il vero potere trasformativo dell'istruzione.

Incessante Ricerca della Felicità attraverso Desideri Materialistici

Nel labirinto della nostra società guidata dal consumismo, dove la ricerca incessante della felicità è diventata un'ossessione travolgente, emerge una critica profonda, un'esplorazione delle trappole intrinseche insite nella nostra inarrestabile ricerca della contentezza. Con un tocco di eloquenza e introspezione, ci troviamo a confrontarci con le preoccupanti conseguenze di una cultura impregnata di consumismo insaziabile, un consumismo che alimenta soltanto l'illusione della mobilità sociale, sfruttando le aspirazioni della classe media e dei poveri di ascendere la scala sociale e diventare ricchi.

Nel panorama contemporaneo, la felicità è stata commercializzata, confezionata e promossa con un'attrazione irresistibile. Siamo sommersi da una continua valanga di annunci pubblicitari, ognuno dei quali promette la chiave per una felicità eterna attraverso l'acquisizione di beni materiali. Siamo condizionati a credere che la nostra felicità risieda nell'accumulo di ricchezze e nel costante appagamento di prodotti e servizi che promettono una soddisfazione fugace.

Tuttavia, mentre ci lasciamo sedurre dal richiamo seducente del consumismo, incappiamo involontariamente in una trappola pericolosa. Il nostro inesauribile appetito per le cose e la ricerca inestinguibile di una felicità sfuggente ci imprigionano in un ciclo infinito, lasciandoci costantemente insoddisfatti e non appagati. Ci ritroviamo intrappolati in uno stato perpetuo di desiderio, bramando continuamente l'oggetto lucente successivo che promette una gratificazione temporanea, solo per essere sostituito da un'altra brama non appena l'effetto di novità svanisce.

Il consumismo, con il suo velo seducente, ci rende ciechi alle dimensioni più profonde della vita. Offusca la ricchezza dei legami umani, la serenità della natura e le meraviglie intangibili che non possono essere misurate in termini di beni materiali. Nella nostra ricerca incessante di beni, sacrifichiamo l'essenza stessa della nostra umanità: la capacità di provare empatia genuina, di costruire relazioni significative e di trovare appagamento spirituale.

Inoltre, l'etica consumista perpetua una cultura del confronto e della competizione. Misuriamo il nostro valore e la nostra felicità in base a ciò che possediamo, confrontandoci costantemente con gli altri in una gara esaustiva per lo status e il riconoscimento. Questa ricerca incessante di approvazione esterna e di consenso sociale ci intrappola in un ciclo di insoddisfazione e ansia, inseguendo per sempre un'immagine idealizzata di felicità che rimane irraggiungibile.

Nello spirito di un'analisi approfondita, dobbiamo fare
una pausa e mettere in discussione le fondamenta su cui
poggia la nostra comprensione della felicità.

**La vera felicità risiede veramente nell'incessante
accumulo di beni materiali?**

La ricerca dei desideri consumistici ci conduce davvero a
una soddisfazione e contentezza durature? O abbiamo
involontariamente fatto vittima di un'illusione costruita che
alla fine ci lascia vuoti e insoddisfatti?

Per liberarci dalle grinfie del consumismo, dobbiamo
subire un cambiamento di coscienza collettivo. Dobbiamo
rivalutare i nostri valori e ridefinire la nostra comprensione
della felicità, riconoscendo che la vera soddisfazione
risiede non nell'incessante accumulo di beni, ma nella
profondità delle nostre relazioni, nella ricchezza delle
nostre esperienze e nella ricerca di imprese significative.
Dobbiamo resistere alla cacofonia della cultura
consumistica e trovare conforto nella semplicità,
abbracciando una vita guidata da scopo e autenticità.

Nello spirito di una contemplazione introspettiva,
intraprendiamo un viaggio di auto-riflessione, mettendo in
discussione le narrazioni che ci spingono a cercare la
felicità attraverso il consumismo. Riappropriamoci della
nostra autonomia e ridefiniamo i parametri di un'esistenza
appagata, che superi l'incessante ricerca di beni materiali e
invece abbracci la profonda bellezza e significato di una vita
vissuta con scopo, connessione e contentezza interiore.

La nostra felicità è sotto il nostro controllo. La vera
felicità non dipende dalle circostanze esterne o dai
possedimenti, ma è determinata dai nostri stessi pensieri,
azioni e scelte.

La felicità è l'obiettivo ultimo della vita umana.

È il bene supremo e la realizzazione del nostro potenziale umano. La vera felicità non si raggiunge attraverso la ricchezza materiale, la fama o i piaceri effimeri, ma attraverso la coltivazione di qualità virtuose e la ricerca di una vita significativa e appagante.

È importante sottolineare l'importanza della responsabilità personale e dell'autodeterminazione nel trovare la felicità. Abbiamo il potere di plasmare la nostra stessa felicità sviluppando abitudini virtuose, compiendo azioni etiche e vivendo in accordo con i nostri valori e principi. In definitiva, la nostra felicità è radicata nelle nostre stesse attitudini, scelte e disposizione interiore.

Agende a Proprio Interesse

Nelle intricate dinamiche di potere che si intrecciano nella trama di una nazione, emerge un fenomeno inquietante: un'indagine sulle profonde sfide poste da politici e oligarchi che manipolano un paese per servire i propri interessi personali.

Nel campo della politica, dove ideali nobili e promesse elevate vengono spesso lanciati, i politici, mossi dalla loro insaziabile sete di potere e ricchezza, manipolano il sentimento pubblico, generando false speranze e alleanze superficiali, tutto al servizio delle loro agende a proprio interesse.

Gli oligarchi, figure oscure che si aggirano nei corridoi dell'influenza, esacerbano ulteriormente l'erosione dei principi democratici. Con le loro immense risorse e le loro reti clandestine, esercitano un'influenza immeasurabile sul destino di una nazione, piegando le regole a proprio vantaggio. Sfruttano i levieri del potere, utilizzando la loro forza finanziaria per plasmare le politiche, soffocare il dissenso e consolidare il loro controllo sul governo.

In questo oscuro regno, gli interessi del popolo vengono relegati alla periferia, meri pedine in un gioco di scacchi politico. Le voci dei marginalizzati e dei privati dei diritti vengono soffocate dal rumore dell'egoismo, le loro preoccupazioni vengono banalizzate o convenientemente dimenticate. Gli ideali di giustizia, uguaglianza e bene comune diventano semplici slogan, distorti e abbandonati nella ricerca del guadagno personale.

Mentre questa rete di manipolazione stringe la sua presa, l'essenza stessa della democrazia viene compromessa. I pilastri della trasparenza e della responsabilità crollano, sostituiti da una cultura di segretezza e impunità. La fiducia del pubblico, un tempo fondamento di una democrazia sana, svanisce, lasciando spazio a cinismo e disillusione.

Per smantellare questo sistema radicato di manipolazione, è necessario un appello all'azione.

La società deve esigere una politica radicata nell'integrità e nel genuino servizio pubblico. Dobbiamo coltivare una cultura di cittadinanza informata, in cui il pubblico sia dotato di conoscenze e strumenti per rendere i propri leader responsabili, e le decisioni basate su referendum diventino la norma. Dobbiamo nutrire una vibrante società civile, in cui la dissenso sia valorizzato e le voci dei marginalizzati siano amplificate.

Nello spirito della resistenza, alziamoci al di sopra del pantano della politica egocentrica. Riconquistiamo la vera essenza della democrazia: un sistema che serve gli interessi di molti, non di pochi. Insieme, possiamo forgiare un futuro in cui la stretta manipolatrice di politici e oligarchi venga sostituita da un autentico impegno per il benessere del popolo.

È nei cuori e nelle menti dei cittadini comuni che le radici del cambiamento si insediano, generando una nuova narrazione di governance che trascende gli interessi egoistici dei politici e degli oligarchi.

Per smantellare l'opprimente macchinario della manipolazione, una società deve coltivare i valori del pensiero critico, dell'introspezione e del dialogo aperto. L'istruzione diventa la nostra arma di scelta: uno strumento per liberare le menti dalle spire dell'inganno e delle disinformazioni. Dobbiamo dotare le persone delle competenze necessarie per navigare nei meandri del potere, coltivando una generazione di cittadini saggi che siano capaci di scrutare le azioni e le motivazioni dei loro leader.

Ma la conoscenza da sola non è sufficiente. Dobbiamo favorire un senso di responsabilità collettiva, spingendo le persone a superare i propri interessi personali e abbracciare il benessere più ampio della società. La solidarietà diventa la forza trainante che smantella i muri di divisione eretti da politici manipolatori e oligarchi interessati solo a se stessi. Coltivando empatia e compassione, possiamo forgiare un'unità che va oltre le barriere sociali, economiche e politiche.

In questa ricerca di una società più giusta ed equa, il ruolo della società civile diventa fondamentale. Le organizzazioni non governative, i movimenti di base e le iniziative comunitarie sono fari di speranza, che sfidano lo status quo e difendono i diritti dei marginalizzati. Forniscono piattaforme affinché i diseredati possano amplificare le loro voci, condividere le loro storie di lotta e resilienza e richiedere responsabilità da coloro che detengono il potere.

Mentre percorriamo il terreno sconosciuto del cambiamento, dobbiamo anche riconoscere il potere dell'arte e della cultura nel accendere le fiamme della trasformazione. Artisti, scrittori e pensatori diventano i difensori della verità, utilizzando la loro espressione creativa per svelare le macchinazioni della manipolazione e mettere in luce le crepe nella facciata del potere. Attraverso le loro opere, evocano empatia, provocano introspezione e scatenano conversazioni che ispirano azioni collettive.

In questa grande tela della resistenza, ogni individuo ha un ruolo da svolgere. Dobbiamo liberarci dalle catene dell'apatia e della passività, abbracciando la nostra agenzia per plasmare il futuro che desideriamo. La nostra voce, il nostro voto, il nostro voto nei referendum, le nostre azioni diventano gli strumenti attraverso i quali sfidiamo gli interessi personali dei politici e degli oligarchi. Dobbiamo costruire coalizioni, superare le divisioni e camminare insieme nella ricerca di una società che promuova giustizia, uguaglianza e dignità di ogni essere umano.

Mentre ci incamminiamo in questo percorso arduo ma necessario, cerchiamo ispirazione dalle lotte e dai trionfi collettivi di coloro che ci hanno preceduto.

La storia ha dimostrato che anche i manipolatori più potenti possono essere abbattuti dal potere di una cittadinanza unita e determinata.

Avidità delle Grandi Aziende

Come un predatore vorace, l'avidità delle grandi aziende divora i valori dell'empatia, della compassione e del benessere collettivo, sostituendoli con la bramosia insaziabile del profitto a ogni costo.

Nel contesto del capitalismo, un sistema fondato sulla ricerca della ricchezza, risiede il pericolo intrinseco dell'avidità sfrenata. Le aziende, spinte dalla continua ricerca della crescita e del valore per gli azionisti, spesso cedono all'attrattiva seducente dei guadagni a breve termine, ignorando le conseguenze a lungo termine delle proprie azioni. La ricerca del profitto diventa uno scopo a sé stante, oscurando considerazioni di responsabilità sociale, sostenibilità ambientale e benessere dei lavoratori.

Al centro di questa afflizione si trova una bussola morale distorta, in cui la ricerca di profitti sempre più elevati oscura le considerazioni di condotta etica. Nella ricerca incessante di margini più alti, le aziende adottano pratiche sfruttatrici, chiudendo un occhio sui costi umani ed ecologici delle proprie azioni. I lavoratori sono sottoposti a condizioni disumane, la loro manodopera viene mercificata e la loro dignità erosa. L'ambiente, devastato dall'estrazione e dall'inquinamento incontrollati, porta i segni dell'avidità corporativa sfrenata.

Man mano che i tentacoli dell'influenza delle grandi aziende si infiltrano nella trama della società, manipolano i governi, piegano le regolamentazioni e plasmano l'opinione pubblica per servire i propri interessi egoistici. Il lobbying diventa un'arte oscura, in cui i desideri di poche entità potenti sovrastano le voci dei marginalizzati e le preoccupazioni del bene comune. Il risultato è un sistema che perpetua l'ineguaglianza, esacerba le divisioni sociali e concentra ricchezza e potere nelle mani di pochi privilegiati.

Tuttavia, l'attrattiva dell'avidità delle grandi aziende si estende al di là delle sale riunioni e dei bilanci. Permea la coscienza collettiva, promuovendo una cultura del consumismo e del materialismo che alimenta l'appetito insaziabile per sempre di più. La ricerca di possedimenti infiniti, stimolata dalla pubblicità aggressiva e da astute strategie di marketing, promette felicità e realizzazione, ma consegna soltanto un vuoto insensato.

**In questa incessante corsa per il prossimo acquisto, la
vera essenza dell'esistenza umana viene distorta,
poiché la ricerca della ricchezza materiale oscura la
ricerca di relazioni significative, della crescita
personale e di una comprensione più profonda di sé
stessi.**

I problemi legati all'avidità delle grandi aziende non si
limitano al solo ambito economico e politico, ma infiltrano
addirittura la trama stessa del nostro quadro morale ed
etico. Dobbiamo affrontare le conseguenze distruttive di
un'avidità sfrenata e riaffermare i nostri valori di empatia,
compassione e responsabilità sociale. Solo
responsabilizzando le aziende, esigendo trasparenza e
sostenendo una distribuzione più equa di ricchezza e
potere, possiamo sperare di contrastare l'influenza
corrosiva dell'avidità delle grandi aziende.

Nelle profondità di questo abisso morale, assistiamo
all'erosione della fiducia e della nostra umanità condivisa.
La ricerca incessante del profitto a tutti i costi genera una
cultura della menzogna, in cui gli interessi delle aziende
prevalgono sull'onestà e l'integrità. Tattiche manipolative,
strategie di marketing ingannevoli e pratiche commerciali
opache diventano la norma, lasciando i consumatori
disorientati e vulnerabili.

L'influenza insidiosa dell'avidità delle grandi aziende si
estende al di là del mondo del commercio, infiltrando i
corridoi stessi del potere. I politici, attratti dalle offerte di
contributi elettorali e dalle promesse di guadagno
personale, cedono alle tentazioni della lobby delle grandi
aziende. La loro fedeltà all'interesse pubblico si diluisce,
mentre ballano al ritmo dei benefattori delle grandi

aziende, privilegiando i propri interessi personali e la perpetuazione dello status quo.

Gli oligarchi, legati al potere politico, esacerbano ulteriormente i problemi dell'avidità delle grandi aziende. Sfruttano la loro immensa ricchezza e influenza per piegare le regole a loro vantaggio, consolidando il loro controllo su settori, risorse e sistemi politici. La linea tra potere economico e potere politico si confonde e le voci dei cittadini comuni vengono soffocate dal fracasso degli interessi particolari.

Mentre l'avidità delle grandi aziende stringe la sua morsa, soffoca l'innovazione, mina la leale concorrenza e reprime lo spirito imprenditoriale che alimenta il progresso. Le start-up e le piccole imprese, spesso incapaci di competere con i giganti monopolistici, vengono soffocate, privando la società di prospettive diverse, nuove idee e dinamismo economico. La concentrazione del potere nelle mani di pochi ostacola la mobilità sociale e reprime il progresso sociale, radicando le disuguaglianze esistenti e ostacolando la realizzazione di una società più equa.

I problemi legati all'avidità delle grandi aziende sono profondi e complessi, richiedendo un risveglio collettivo e un radicale cambiamento dei nostri valori. Dobbiamo mettere in discussione l'idea che la ricerca sfrenata del profitto sia la misura ultima del successo e rivalutare le nostre priorità come società. I nostri sistemi economici devono essere progettati per privilegiare il benessere umano, la sostenibilità ambientale e la distribuzione equa delle risorse. Dobbiamo favorire una cultura che celebra pratiche commerciali etiche, responsabilità sociale e la ricerca di una prosperità olistica.

Nell'oscurità prevalente emergono bagliori di speranza dalle ombre. Movimenti di base e organizzazioni della società civile si uniscono, mobilitandosi per il cambiamento e rendendo le aziende responsabili delle loro azioni. Si sforzano di ridefinire la narrazione, mettendo in discussione l'idea che il profitto debba avvenire a spese del benessere umano e della sostenibilità ambientale.

I consumatori socialmente consapevoli, armati di conoscenza e senso di responsabilità, stanno facendo scelte consapevoli per sostenere le aziende che si allineano ai loro valori. Cercano aziende che privilegiano pratiche etiche, sostenibilità e impatto sociale. Votando con il loro portafoglio, inviano un messaggio potente al mondo delle grandi aziende che è necessario un cambiamento di paradigma.

All'interno del mondo aziendale stesso, leader illuminati riconoscono la necessità di cambiamento. Comprendono che il successo a lungo termine non può essere raggiunto attraverso l'avidità a breve vista, ma piuttosto attraverso pratiche commerciali etiche che beneficiano non solo gli azionisti, ma anche dipendenti, comunità e ambiente. Questi leader abbracciano la trasparenza, la responsabilità e il coinvolgimento degli stakeholder, promuovendo una cultura che valorizza il benessere umano e difende i principi della responsabilità sociale.

Per contrastare l'avidità delle grandi aziende, dobbiamo anche affrontare le questioni sistemiche che ne consentono la perpetuazione. Devono essere istituiti solidi quadri normativi per limitare le pratiche sfruttatorie, garantire una leale concorrenza e proteggere i diritti dei lavoratori e dei consumatori. I governi hanno un ruolo cruciale da svolgere nell'emanare e far rispettare leggi che rendano le aziende responsabili e smantellino la concentrazione del potere.

Se ci uniamo contro l'avidità delle grandi aziende, guidati dai principi di compassione, integrità e giustizia, possiamo tracciare un percorso verso un mondo più equo e sostenibile. Non dobbiamo essere semplici spettatori di fronte all'eccesso delle grandi aziende, ma partecipanti attivi nella ricerca di un futuro migliore.

Alcolismo

Nelle strade affollate e nei pub, si dipana un triste racconto: una società intrappolata nelle spire dell'alcolismo, che cerca conforto e fuga nell'abbraccio degli spiriti. È un ciclo di autodistruzione intessuto nel tessuto stesso delle loro vite, mentre si affannano giorno dopo giorno, bramando sollievo dai pesi della loro esistenza.

Per la classe operaia, l'alcol diventa una ricompensa distorta, un sollievo temporaneo dalle difficoltà e dalla monotonia che caratterizzano la loro routine quotidiana. Negli angoli silenziosi delle loro menti, bramano un'evasione, un breve momento di oblio in cui il peso delle loro lotte viene momentaneamente sollevato. L'attrattiva della bottiglia è seducente, promettendo un breve sollievo dalla realtà, un rifugio illusorio dalla fatica e dalla noia delle loro vite.

Tra le sale opulente e i sontuosi salotti, dove l'élite si raduna con i loro abiti lussuosi, esiste un sottofondo nascosto che tradisce la facciata della loro esistenza privilegiata. Dietro porte chiuse e sotto il velo della sofisticazione, l'alcol scorre liberamente, un elisir che alimenta i desideri insaziabili dell'alta società. Diventa un mezzo di fuga, una ricompensa lussuosa che promette un momento di sollievo dalle pressioni e dalle aspettative che accompagnano la loro elevata posizione sociale.

Tuttavia, mentre il liquido ambrato scorre liberamente, avvelena speranze e sogni, intrappolando le persone in un ciclo implacabile di dipendenza. Ciò che inizia come un sollievo momentaneo presto si trasforma in un desiderio incontrollabile, una fame insaziabile che divora le loro anime. La ricerca di sollievo nell'alcol diventa un'ossessione che consuma tutto, offuscando i confini tra piacere e autodistruzione.

Nel profondo della loro dipendenza, la classe operaia trova conforto nella camaraderie dei loro compagni di bevute. I pub fumosi diventano i loro santuari, dove condividono le loro storie di difficoltà, trovando consolazione nella miseria condivisa dei loro compagni. Ma sotto la risata e la camaraderie, si nasconde una tristezza profonda: un desiderio collettivo di qualcosa di più, un desiderio di liberarsi dalle catene del loro autoimposto carcere.

Nella ricerca del piacere e dell'autoindulgenza, l'alta società si abbandona a una continua ricerca dell'alcol come forma di ricompensa. Eppure, all'interno di questo stile di vita apparentemente glamour, si celano problemi radicati che riflettono le complessità della nostra società nel suo

complesso. L'alcolismo, un'afflizione che afferra le alte
sfere, rappresenta un vivido monito sui pericoli che
accompagnano la ricchezza eccessiva, il privilegio
incontrollato e la ricerca incessante del piacere.

I problemi dell'alcolismo nella classe operaia sono
profondamente radicati nelle realtà sociali ed economiche
che affrontano. È un sintomo di una società che perpetua
l'ineguaglianza, in cui alla classe operaia vengono negate le
ricompense del loro lavoro e rimane poco spazio per una
speranza di futuro migliore. È una manifestazione del
dolore e della disperazione derivanti da un sistema che non
fornisce un adeguato sostegno e opportunità a coloro che si
trovano agli ultimi gradini della scala sociale.

Per l'alta società, la continua ricerca dell'alcol diventa
una rappresentazione simbolica della loro continua ricerca
di stimolazione e fuga. È una manifestazione del loro
desiderio di liberarsi dai confini delle proprie aspettative
sociali, di togliersi momentaneamente il peso delle
responsabilità e di immergersi nell'ebbrezza beata
dell'intossicazione. Eppure, sotto la superficie si cela un
vuoto profondo, un senso di vuoto esistenziale che non può
essere colmato da eccessi materiali o fughe temporanee.

La dipendenza opposta dalle classi sociali dall'alcol, nata
dal loro desiderio di sollievo, è un'istantanea riflessione
sulla condizione umana: fragile, oppressa e alla ricerca di
fugaci momenti di sollievo. È una lotta che va ben oltre i
confini delle loro vite individuali, echeggiando le grandi
questioni sociali che perpetuano la loro sofferenza.

Gli interessi delle aziende, le disparità economiche e
l'erosione dei legami comunitari contribuiscono tutti alla
continua ricerca dell'alcol come fuga temporanea. La classe
operaia, tormentata dalle pressioni del lavoro, cerca
sollievo negli effetti anestetizzanti dell'alcol, credendo che

sia l'unica ricompensa a portata di mano. L'agenda egoista di coloro che detengono il potere, spinti dal profitto e dall'indifferenza, perpetua un sistema che spinge la classe operaia ai margini, dove le loro difficoltà vengono trascurate e le loro aspirazioni soffocate.

Inoltre, la continua ricerca dell'alcol come ricompensa da parte dell'alta società riflette l'ossessione più ampia della società per il consumismo. In un mondo guidato dal desiderio insaziabile di possedere beni materiali, la classe operaia viene attratta in un ciclo infinito di consumo, equiparando erroneamente la ricchezza materiale alla felicità.

La ricerca dell'alcol diventa un simbolo distorto di ricompensa, un agente anestetizzante che soddisfa temporaneamente il loro desiderio di una vita migliore.

Sistema Finanziario Manipolato

Nascosta all'interno dei complessi meccanismi di un sistema finanziario manipolato si cela una verità inquietante: una verità che rivela lo sfruttamento e l'esaurimento delle nazioni da parte delle stesse istituzioni cui è affidato il loro benessere economico.

Le banche, quei titani moderni, operano con impunità, la loro fame insaziabile di profitto le spinge a manipolare le leve del potere a loro vantaggio. Con ogni mossa calcolata, estraggono ricchezza dalle vene della nazione, prosciugandola sotto il pretesto di una prosperità economica. Le loro azioni sono avvolte nella complessità, oscurate da una rete di strumenti finanziari intricati e gergo esoterico, rendendo il cittadino comune impotente e ignaro dell'enormità del loro influsso.

Man mano che gli edifici finanziari crescono sempre più alti, le loro fondamenta costruite sul sudore e sul lavoro della classe lavoratrice, i veri costi cominciano ad emergere. La disparità tra coloro che hanno e coloro che non hanno si allarga, lasciando i più vulnerabili a sopportare il peso delle turbolenze economiche. Le stesse istituzioni che dovevano tutelare il benessere finanziario della nazione diventano strumenti di oppressione, perpetuando un ciclo di disuguaglianza e sfruttamento.

All'interno di questo sistema finanziario manipolato, la ricerca del profitto prevale su tutte le considerazioni morali. Le banche, spinte da una cupidigia insaziabile, approfittano della rete intricata di regolamentazioni che loro stesse hanno contribuito a plasmare. Navigano tra le scappatoie legali, sfruttando le loro immense risorse e connessioni per piegare le regole a loro favore, mentre la ricchezza della nazione scorre verso i forzieri di pochi élite.

Ma non sono solo le banche a portare il peso delle responsabilità; la macchina politica balla mano nella mano con gli oligarchi finanziari. In questa alleanza maledetta, i politici diventano pedine in un gioco di potere, influenzati dal fascino dei contributi elettorali e del guadagno personale.

Essi chiudono un occhio sulle pratiche predatorie dei giganti finanziari, la loro lealtà verso la nazione si dissipa di fronte ai loro egoistici obiettivi. Le conseguenze risuonano attraverso ogni strato della società.

La classe lavoratrice sopporta il peso di debiti opprimenti, mentre la classe media affronta l'erosione dei

propri sogni e aspirazioni. Le piccole imprese crollano
sotto il peso di una concorrenza sleale, mentre i pilastri
economici che un tempo sostenevano la prosperità della
nazione si incrinano sotto la pressione. Una nazione una
volta vibrante e piena di promesse si riduce a una mera
ombra di sé stessa, privata della sua vitalità e derubata del
suo potenziale.

Nelle parole della gente, sussurrate con toni di
disperazione, emerge un grido collettivo per giustizia e
riforma. Anelano a un sistema finanziario che serva gli
interessi dell'intera nazione, che valuti l'integrità e la
responsabilità al di sopra del profittare smisurato.
Desiderano ardentemente una società in cui il sangue della
nazione non sia siphonato nelle casse di pochi privilegiati,
ma dove i frutti del lavoro siano condivisi in modo equo,
nutrendo la crescita e la prosperità di tutti.

Nelle profondità di questo sistema finanziario truccato,
dove le ombre prosperano e il inganno regna, le voci degli
emarginati si fanno sempre più forti. Sono loro a portare le
cicatrici di una nazione prosciugata, i cui sogni sono stati
schiacciati dal peso di debiti insormontabili e servitù
economica.

Questa battaglia contro il sistema finanziario truccato
non si combatte solo nel campo dei fatti e dei numeri. È
una battaglia per i cuori e le menti, una battaglia per
risvegliare la coscienza collettiva, per ispirare un senso di
indignazione e una brama di giustizia. Attraverso storie e
narrazioni, dobbiamo dipingere un quadro vivido del costo
umano di questo sistema truccato. Dobbiamo raccontare le
storie di sogni infranti e speranze deluse, di vite ridotte a
mere cifre in un bilancio. Di fronte a questa
disumanizzazione, dobbiamo riaccesi l'empatia, la
compassione e un senso di responsabilità condivisa.

Mentre le forze dell'avidità aziendale stringono la loro morsa, dobbiamo resistere alla tentazione di cedere alla disperazione. Dobbiamo trarre forza dalle storie di resistenza che hanno echeggiato attraverso gli annali della storia. Dalle lotte dei lavoratori che chiedevano salari equi ai movimenti che hanno rovesciato regimi oppressivi, troviamo ispirazione nella resilienza dello spirito umano.

In questa battaglia contro la tirannia degli oligarchi finanziari, dobbiamo immaginare un'alternativa: un nuovo paradigma che dia priorità al benessere della nazione e del suo popolo rispetto all'inseguimento insaziabile del profitto. È una visione che ridefinisce il ruolo delle banche, trasformandole in custodi della prosperità della nazione anziché agenti di sfruttamento. È una visione che favorisce una cultura di trasparenza, responsabilità e pratiche etiche. Ciò ci porta a uno dei suoi pilastri, il mercato azionario.

Il mercato azionario è un sistema volatile che oscilla tra prosperità e rovina.

Ma al di sotto della superficie di questa grande facciata si nascondono problemi profondamente radicati che affliggono entrambe le istituzioni, intrappolando gli incauti e perpetuando un ciclo di avidità e instabilità.

Il mercato azionario, con la sua seducente attrattiva e le promesse di ricchezza, si erge come un simbolo di speranza per molti. Incoraggia le persone a riporre la loro fiducia e i loro guadagni nelle mani di entità senza volto, dove le fortune si vincono e si perdono in un batter d'occhio. Tuttavia, la vera natura di questo gigante finanziario si rivela nel mezzo della sua frenetica attività.

Dietro i numeri lampeggianti e il clamore dei trader, prospera una rete di manipolazione e speculazione. È un mondo in cui pochi detengono la chiave della prosperità, mentre le masse sono lasciate alla mercé delle forze di mercato che appena comprendono. Il mercato azionario diventa un palcoscenico per le macchinazioni dei ricchi e dei potenti, che navigano le sue acque insidiose con conoscenze riservate e mosse calcolate. Le loro azioni, mosse dall'interesse personale e dal profitto, plasmano il destino delle nazioni e dettano la traiettoria delle economie.

In questo regno dell'alta finanza, la ricerca di guadagni a breve termine prevale sulla stabilità a lungo termine. La ricerca incessante del profitto genera una cultura di speculazione, in cui i rischi vengono assunti senza considerazione per le conseguenze. Gli strumenti finanziari, un tempo pensati per fornire liquidità e favorire la crescita economica, si trasformano in armi di distruzione di massa, capaci di far precipitare le nazioni nel caos economico.

Nel frattempo, le banche, quelle roccaforti del potere finanziario, operano come guardiani della ricchezza e arbitri dell'attività economica. Hanno le redini del capitale della nazione, dirigendone il flusso e determinando chi può accedere ai suoi benefici. Tuttavia, le stesse fondamenta su cui si ergono queste istituzioni sono macchiate da corruzione e avidità.

La ricerca del profitto diventa il loro principio guida, offuscando la loro responsabilità di servire l'interesse pubblico.

Le linee si confondono tra una gestione finanziaria prudente e una speculazione imprudente, mentre le banche si immergono in iniziative rischiose e strumenti finanziari complessi che minacciano di destabilizzare le stesse economie che dovrebbero sostenere. Nella loro ricerca insaziabile di rendimenti più elevati, sfruttano le falle e si dedicano a pratiche non etiche, sacrificando il benessere di molti per l'arricchimento di pochi.

Questa realtà distorta, in cui il mercato azionario e le banche regnano sovrane, perpetua un sistema di disuguaglianza e disparità economica. Allarga il divario tra i pochi privilegiati che traggono profitto da questa intricata danza finanziaria e la vasta maggioranza che sopporta le conseguenze dei suoi fallimenti. Le ripercussioni sono di vasta portata, poiché le crisi finanziarie si riverberano attraverso le società, erodendo la fiducia, ostacolando la crescita e acuendo le disuguaglianze sociali.

Per forgiare un futuro più giusto ed equo, dobbiamo immaginare il mercato azionario e le banche come strumenti di potenziamento economico e benessere sociale. La trasparenza, la regolamentazione e le pratiche etiche devono sostituire l'opacità e l'interesse personale che affliggono questi ambiti. È necessario un cambiamento di paradigma che dia priorità alla stabilità a lungo termine delle economie, alla protezione dei più vulnerabili e alla distribuzione equa della ricchezza.

All'interno del tessuto intricato dell'economia di una nazione, l'emissione di nuova moneta si presenta come una soluzione seducente a una miriade di problemi. È un richiamo delle sirene, promettendo sollievo dai problemi finanziari e una via verso la prosperità. Tuttavia, al di sotto della superficie di questa soluzione apparentemente semplice si nasconde un labirinto di complessità e pericoli intrinseci che minacciano di sconvolgere le stesse fondamenta del benessere economico di una nazione.

L'attrattiva di stampare più denaro come mezzo per stimolare la crescita e affrontare gli squilibri economici è una proposta allettante.

Ha la promessa di un sollievo immediato, un'infusione di capitale che può rivitalizzare le industrie, alimentare gli investimenti e stimolare il consumo. Tuttavia, questa ricerca di espansione monetaria, se lasciata incontrollata e non temperata, diventa una pericolosa danza sull'orlo del disastro economico.

Nelle profondità di questa pratica ben intenzionata ma fuorviante, l'inflazione prende radici e prospera. Il valore della valuta nazionale inizia a erodersi, poiché l'eccesso di offerta di denaro inonda il mercato. I prezzi schizzano alle stelle e il potere di acquisto delle persone diminuisce sotto i loro occhi. Quello che un tempo sembrava una salvezza ora si trasforma in catene, che legano individui e imprese a un ciclo di costi crescenti e sicurezza finanziaria in diminuzione.

Le ripercussioni si estendono ben oltre il livello individuale, infiltrandosi nell'intricata interazione dei mercati globali. La credibilità di una nazione e la sua posizione sulla scena internazionale vacillano mentre il valore della sua valuta si deprezza. La fiducia cala, gli investimenti esteri diminuiscono e il delicato equilibrio del commercio e del commercio viene interrotto. Gli effetti a catena di questa imprudenza monetaria si ripercuotono sull'economia, causando rivolgimenti, incertezze e approfondendo le disparità tra i ricchi e i poveri.

Eppure, l'attrattiva della stampa di denaro persiste, spinta dalla mancanza di prospettiva e dal desiderio di soluzioni immediate. Politici e decisori politici, intrappolati nel labirinto delle proprie ambizioni, cedono alla

tentazione di una soluzione apparentemente indolore.
Esercitano il potere di creare denaro, accecati dai benefici
immediati che può apportare, mentre ignorano le
conseguenze a lungo termine che si profilano all'orizzonte.

Nel regno di questa camminata sul filo del rasoio
economico, il ruolo delle banche centrali diventa cruciale.
Si assumono la pesante responsabilità di mantenere la
stabilità e salvaguardare la valuta nazionale. Tuttavia, le
pressioni e le influenze a cui sono sottoposte possono
spingerle verso un percorso pericoloso. La delicata danza
tra garantire la crescita economica e mitigare i pericoli
dell'inflazione diventa un delicato equilibrio, che richiede
decisioni attente e un impegno incondizionato per il
benessere a lungo termine della nazione.

Disciplina fiscale, politiche monetarie prudenti e un
impegno per la stabilità a lungo termine sono fondamentali
per una nazione, mentre l'emissione di denaro dovrebbe
essere una risposta misurata, basata su una comprensione
approfondita delle sue implicazioni e guidata dai principi di
una governance responsabile, anziché essere una soluzione
rapida fatta voltando le spalle alle conseguenze a lungo
termine che si profilano all'orizzonte.

**Nel vasto panorama dell'economia di una nazione,
l'atto di prendere in prestito denaro da una banca
assume un ruolo cruciale nel plasmare il destino degli
individui e della collettività.**

È una transazione di speranze e sogni intrecciati, in cui la
ricerca della stabilità finanziaria si incontra con la
promessa di progresso. Tuttavia, dietro la superficie di
questo scambio apparentemente diretto si cela una
complessa rete di problemi che possono intrappolare gli

ignari, lasciandoli avvolti in un ciclo di indebitamento perpetuo.

L'attrattiva di prendere in prestito denaro da una banca è innegabile. Offre una via di salvezza per coloro che ne hanno bisogno, un mezzo per colmare il divario tra aspirazioni e realtà. Apre porte a opportunità precedentemente fuori dalla portata, consentendo alle persone di acquistare case, avviare imprese o investire nell'istruzione. Tuttavia, l'atto stesso del prestito, se affrontato senza cautela e prudenza, può diventare una spada a doppio taglio, che squarcia il tessuto del benessere finanziario.

I problemi iniziano a manifestarsi quando la ricerca della gratificazione istantanea eclissa una riflessione oculata e una visione a lungo termine. Il prestito diventa un passaggio verso un mondo di abbondanza materiale, alimentando una cultura del consumismo e della gratificazione immediata. La tentazione di acquisire beni al di là delle proprie possibilità prende il sopravvento e le persone cadono nella trappola seducente di vivere al di là delle proprie capacità finanziarie. Si trovano vincolate dalle catene del debito, poiché i fondi presi in prestito si trasformano da faro di speranza in un peso di obbligo.

Le banche, con il loro potere e influenza, diventano i guardiani di queste transazioni finanziarie. Detengono le chiavi del regno del credito, dettando i termini e le condizioni che regolano il processo di prestito. Le piccole scritte, spesso oscurate dall'attrattiva di un facile accesso al denaro, nascondono le potenziali insidie e le conseguenze che attendono il debitore inesperto. I tassi di interesse schizzano alle stelle, aggravando i debiti e allargando il divario tra ciò che è dovuto e ciò che può essere ripagato. Il debitore si trova intrappolato in un ciclo di servitù, perpetuamente soggetto ai capricci e alle richieste dell'istituto di credito.

In questa intricata danza di prestito e rimborso, il bilanciamento del potere si inclina a favore delle banche e delle istituzioni finanziarie. Beneficiano dei pagamenti degli interessi e delle commissioni, accumulando ricchezza mentre il debitore lotta per sopravvivere. Il sistema finanziario, progettato per essere un catalizzatore di progresso e prosperità, diventa un meccanismo di sfruttamento, lasciando le persone vulnerabili e esposte alle macchinazioni di un gioco truccato.

Prendere in prestito denaro non è una panacea, ma uno strumento che dovrebbe essere maneggiato con cautela e discernimento. Dovrebbe servire come mezzo per migliorare le nostre vite e spingerci verso i nostri obiettivi, anziché come un percorso verso un debito ingestibile e una lotta perpetua di fronte a un panorama finanziario spesso spietato.

Obesità

Nel vasto arazzo dell'esistenza umana, la questione dell'obesità emerge come conseguenza della nostra evoluta relazione con il cibo. Si è verificato un profondo cambiamento, in cui alimenti ad alto contenuto calorico e industrializzati hanno preso il centro del palcoscenico, seducendo le nostre papille gustative mentre silenziosamente erodono il nostro benessere. Questa moderna epidemia, radicata nel tessuto stesso della nostra società, merita introspezione ed esplorazione, poiché rivela le intricate connessioni tra le nostre scelte collettive e le lotte personali.

Nel regno della modernità, la convenienza regna sovrana. Ci ritroviamo intrappolati in una rete di stili di vita frenetici, in cui il tempo è scarso e le richieste sono incessanti. In questo mondo frenetico, l'attrattiva dei cibi processati e ad alto contenuto calorico diventa sempre più irresistibile. Offrono gratificazione istantanea, saziando la nostra fame con uno sforzo minimo, ma arrivano con conseguenze. Il matrimonio tra comodità e consumo dà vita a una cultura in cui la nutrizione passa in secondo piano e il sostentamento dei nostri corpi cede alle voglie di un sistema alimentare industrializzato.

Questi cibi altamente processati, progettati per appagare i nostri sensi, stuzzicano le nostre papille gustative e manipolano i nostri desideri. Sono creati in laboratori, risultato di ingegno scientifico e abilità nel marketing. La loro natura di dipendenza è attentamente orchestrata, poiché l'equilibrio delicato tra sale, zucchero e grassi stimola il nostro palato e ci spinge a tornare per averne di più. Diventiamo inconsapevoli partecipanti in un sistema che dà priorità al profitto rispetto al nostro benessere, poiché la ricerca dell'indulgenza eclissa l'importanza del nutrimento.

Le conseguenze di questa insidiosa relazione con il cibo si manifestano nei girovita che si allargano e nella diminuzione della salute di individui e nazioni. L'obesità diventa un'epidemia silenziosa, che si insinua nelle comunità e getta un'ombra sulla nostra vitalità collettiva. Si insinua nelle nostre vite, erodendo il nostro benessere fisico e mentale e gravando sui nostri sistemi sanitari. Le conseguenze si ripercuotono attraverso le generazioni, poiché i bambini ereditano stili di vita e abitudini che perpetuano il ciclo di aumento di peso e cattiva salute.

Il cibo non è soltanto un modo per saziare la nostra fame, ma una fonte di sostentamento che alimenta la nostra esistenza.

L'obesità, un'epidemia silenziosa, trova le sue radici nelle abili macchinazioni del marketing del cibo industrializzato. Come un abile illusionista, cattura i nostri sensi, stimola i nostri desideri e ci intrappola in una rete di indulgenza basata sul consumo. In questo complesso dilemma si cela una storia di trionfi e insidie della modernità, in cui la fame insaziabile di profitto si scontra con il delicato equilibrio della salute individuale.

Nel vivace panorama del consumismo, l'arte del marketing prende il centro della scena, tessendo i suoi fili persuasivi in ogni aspetto della nostra vita. Si insinua nella nostra coscienza, plasmando i nostri desideri e manipolando le nostre scelte. In questa grande performance, i cibi industrializzati emergono come protagonisti dello spettacolo. Attraverso una sinfonia di pubblicità seducenti, packaging accattivanti e narrazioni accuratamente costruite, conquistano i nostri cuori e le nostre menti. Promettono convenienza, piacere e gratificazione istantanea, mentre celano i costi nascosti che si celano all'interno.

La macchina del marketing del cibo industrializzato opera con precisione, utilizzando un arsenale sofisticato di tattiche per catturare e sedurre. Sfrutta le nostre vulnerabilità, capitalizzando i nostri istinti di desiderio per il dolce, il salato e il ricco. Crea un senso di urgenza e desiderio, alimentando le fiamme del consumo. Le pubblicità patinate, adornate da immagini di gioia e appagamento, dipingono un quadro allettante di una vita arricchita dai loro prodotti. Tuttavia, dietro la facciata avvincente si cela una verità più oscura, fatta di calorie vuote, additivi artificiali e un diffuso disprezzo per il nostro benessere.

All'interno di questa rete di inganno del marketing, le conseguenze delle nostre scelte diventano evidenti. L'obesità emerge come conseguenza della nostra fame insaziabile di convenienza e gratificazione istantanea. Si insinua nelle nostre vite, erodendo la nostra vitalità e imprigionandoci in un ciclo di aumento di peso e salute ridotta. I nostri corpi sopportano il peso di un eccessivo apporto calorico, mentre le nostre menti lottano con il pedaggio psicologico di una ricerca insoddisfatta di felicità attraverso il consumo.

Per affrontare i problemi dell'obesità, dobbiamo riacquistare la connessione con il nutrimento nella sua forma più pura. Dobbiamo riscoprire la ricchezza degli alimenti integrali e non trasformati, riportando in vita la saggezza dei nostri antenati e abbracciando la semplicità delle offerte della natura. Coltivando la consapevolezza delle nostre abitudini alimentari, assaporando le texture e i sapori di ogni boccone, ripristiniamo un senso di equilibrio e intenzionalità nei nostri pasti.

Dobbiamo sostenere politiche che promuovano la trasparenza, consentendo ai consumatori di fare scelte informate. Dobbiamo esigere normative più rigorose sull'etichettatura alimentare, svelando gli ingredienti nascosti e le realtà nutrizionali dietro il packaging allettante. Dobbiamo resistere all'attrattiva delle tattiche di marketing ingannevoli e fare scelte che privilegino la nostra salute a lungo termine rispetto a un'indulgenza passeggera. In questo modo, riappropriamoci dei nostri corpi, delle nostre menti e del nostro destino collettivo dalle grinfie dell'obesità, promuovendo un futuro in cui il nutrimento trionfi sull'exploit e il nostro benessere sia valorizzato sopra ogni altra cosa. Responsabilizzando le aziende sulle conseguenze delle loro pratiche di marketing e tornando ai cibi integrali, possiamo smantellare la macchina che alimenta l'epidemia dell'obesità.

Inquinamento Industriale

L'inquinamento industriale è una macchia nata dal progresso e dall'ambizione, una che lascia dietro di sé una scia di distruzione. L'inquinamento industriale pesante, con i suoi tentacoli minacciosi, pervade sia i nostri vivaci paesaggi urbani che gli angoli un tempo incontaminati della natura, portando con sé una serie di pericoli che minacciano la stessa essenza della vita.

All'interno delle giungle di cemento che pulsano di un'energia incessante, l'aria che respiriamo diventa un campo di battaglia per la sopravvivenza. I camini dell'industria emettono le loro emissioni tossiche, inquinando la stessa forza vitale che ci sostiene. I cieli una volta limpidi diventano avvolti da un manto di smog, oscurando i dolci raggi del sole e trasformando l'aria che inspiriamo in un cocktail velenoso. I nostri polmoni,

destinati a essere riempiti dalla purezza della vita, ora
portano il peso di particelle microscopiche e gas nocivi,
con i loro delicati alveoli soffocati sotto il peso del
progresso.

In questo paesaggio distopico, la stessa natura piange, i
suoi delicati ecosistemi violati dall'insaziabile fame di
crescita economica. I fiumi, una volta ricchi di vita, ora
scorrono come vene senza vita di melma tossica, le loro
acque contaminate da rifiuti chimici e scarichi industriali.
L'equilibrio delicato tra flora e fauna, intrecciato con cura
attraverso ere di evoluzione, viene disturbato, lasciando un
vuoto nella complessa rete della biodiversità. La sinfonia
della coesistenza armoniosa della natura viene soffocata dal
clamore delle macchine e dal silenzio assordante delle
specie estinte.

Le conseguenze dell'inquinamento industriale pesante si
riverberano ben oltre i confini dei nostri paesaggi urbani. I
tentacoli della contaminazione si estendono, avvelenando i
santuari un tempo incontaminati della natura. Le foreste,
un tempo vibranti e vive, ora portano le cicatrici dello
sfruttamento, le loro maestose chiome sostituite dal
silenzio inquietante della deforestazione. La fauna
selvatica, custodi dell'ordine naturale, trova i loro habitat
frantumati, la loro sopravvivenza minacciata dall'onda
incombente dell'inquinamento. Gli ecosistemi delicati che
un tempo prosperavano in un equilibrio simbiotico sono
spinti sull'orlo del collasso, le loro connessioni intricate si
disfano sotto il peso dell'avidità umana.

In questo panorama desolato, una domanda inquietante
echeggia nella coscienza collettiva: quale prezzo siamo
disposti a pagare per il progresso? La ricerca del guadagno
economico, guidata da un'appetito vorace per la crescita e
la ricchezza materiale, esige un pesante tributo agli

ecosistemi fragili del nostro pianeta. Il costo della nostra incessante ricerca di prosperità si misura in fiumi avvelenati, foreste soffocate e un clima in tumulto. La nostra cecità e indifferenza ci rendono ciechi alle conseguenze delle nostre azioni, mentre sacrifichiamo il vero sangue vitale del nostro pianeta sull'altare del progresso.

Le attività industriali, con il loro incessante perseguimento del progresso, gettano un'ombra sulla salute e il benessere dei residenti locali.

Come uno spettro malevolo, gli invisibili tentacoli dell'industrializzazione infiltrano insidiosamente l'aria che respiriamo e l'acqua che beviamo, lasciando dietro di sé una scia di afflizioni fisiche e mentali.

Nel cuore delle città e dei centri urbani affollati, l'aria diventa un campo di battaglia in cui avversari invisibili combattono la vitalità umana. I camini dell'industria emettono un miasma tossico che persiste, rivestendo le strade e le case con uno strato di contaminazione. Particolato sospeso, carico di cancerogeni e sostanze chimiche pericolose, si infiltra nei nostri polmoni, penetrando in profondità negli alveoli delicati che sostengono la vita stessa. I cieli una volta chiari vengono sostituiti da una soffocante coltre di smog, gettando un'ombra sugli abitanti e offuscando la promessa di un futuro migliore.

Oltre all'aggressione respiratoria, la macchina industriale lascia un segno sul benessere mentale ed emotivo di coloro che, sfortunatamente, vivono nella sua ombra. Il ronzio incessante delle fabbriche e la cacofonia di metalli che si scontrano risuonano nelle menti dei residenti locali, erodendo la tranquillità che un tempo caratterizzava la loro esistenza. Il sonno, quel balsamo elusivo per l'anima stanca, diventa un lusso mentre il rumore incessante si insinua nei loro sogni, lasciandoli costantemente in tensione e privi di riposo. La stessa struttura delle loro vite si sgretola, poiché le incessanti richieste del progresso industriale invadono la sacralità dei loro focolari.

Ma non è solo l'aria e la pace mentale che soffrono sotto il peso dell'industrializzazione; l'acqua che sostiene la vita diventa un elisir avvelenato che scorre nelle vene delle comunità con una minaccia nascosta. I rifiuti industriali, spesso scaricati con disinvoltura nei fiumi e nei corpi idrici vicini, contaminano le fonti di idratazione un tempo incontaminate. Metalli pesanti, tossine e sottoprodotti chimici si mescolano con il liquido che dona vita, infiltrandosi nelle acque sotterranee e nella stessa essenza della sussistenza. Le conseguenze di tale contaminazione si manifestano in una serie di disturbi, dal disagio gastrointestinale a condizioni croniche a lungo termine che gravano sulle generazioni future. In seguito a cimini fumanti e fabbriche in funzione, l'equilibrio delicato dello sviluppo cognitivo viene disturbato, lasciando dietro di sé una moltitudine di sfide che ostacolano la crescita intellettuale delle comunità. Aggiungiamoci l'alcolismo, e queste comunità sono zombi, comunità quasi morte.

La difficile situazione dei residenti locali, intrappolati in questa abbraccio tossico, è un triste ricordo del prezzo che paghiamo per il progresso. Il gigante dell'industrializzazione, guidato dal profitto e dalla rapidità, avanza senza preoccuparsi del tributo umano che esige. Le aspirazioni di pochi vengono messe al primo posto rispetto alla salute e al benessere di molti, mentre la macchina dell'industria divora vite nella sua insaziabile fame di crescita.

Inquinamento Veicolare

Come una mano invisibile che stringe l'aria che respiriamo, l'inquinamento veicolare si infiltra nel tessuto stesso delle nostre città, lasciando dietro di sé una scia di distruzione che influisce negativamente sulla vita di coloro che abitano vicino alle strade trafficate. I perniciosi filamenti di gas di scarico e tossine presenti nell'aria penetrano insidiosamente, scatenando una serie di sfide che corrodono la vitalità dell'ambiente e delle persone che chiamano le giungle di cemento casa.

Mentre la cacofonia dei motori riecheggia per le strade, una miscela tossica di inquinanti viene rilasciata sulla tela urbana. Le particelle fini, gli ossidi di azoto e i composti organici volatili si mescolano, trasformando l'atmosfera in un calderone di avversità chimiche. L'aria, un tempo simbolo di vita e vitalità, diventa un miasma soffocante che

penetra nei polmoni di coloro che risiedono in prossimità
delle strade trafficate. Gli alveoli delicati, progettati per
assorbire il respiro dell'ispirazione, sopportano il peso di
questo assalto implacabile, compromettendo la salute
respiratoria delle persone e erodendo il loro benessere
generale.

**All'ombra di questi corridoi inquinati, l'essenza stessa
della vita urbana subisce una metamorfosi
sconfortante.**

All'ombra di questi corridoi inquinati, le strade una volta
vibranti e piene di energia diventano avvolte da una nebbia
di sostanze nocive che offusca la chiarezza della visione e
smorza lo spirito di esplorazione. Le particelle sottili si
depositano su ogni superficie, gettando una patina cupa su
edifici, alberi e sulle aspirazioni di coloro che bramano la
crescita intellettuale. In questo ambiente, dove l'aria è
appesantita da contaminanti, la vitalità della mente umana
è soffocata, soffocata da un velo invisibile che permea il
paesaggio urbano.

Inoltre, l'impatto dell'inquinamento veicolare va oltre i
confini della salute fisica, infiltrandosi nel tessuto sociale
delle comunità. Coloro che risiedono vicino a strade
trafficate, colpiti in modo sproporzionato dall'onda di
sostanze nocive, affrontano una miriade di sfide che
impediscono loro di prosperare e avere successo. Il rumore
incessante del traffico veicolare aggride i sensi, creando
una sinfonia dissonante che interrompe l'armonia
necessaria per la riflessione e la contemplazione. La ricerca
della conoscenza, una volta santuario di pace e
illuminazione, diventa un'impresa ardua, soffocata dal
clamore incessante dei motori e dei clacson.

Mentre i tentacoli dell'inquinamento veicolare si insinuano nelle crepe della vita urbana, le conseguenze si estendono ben oltre la salute fisica e mentale. Le dinamiche sociali stesse dei quartieri vengono ridefinite, poiché il fascino di spazi pubblici vivaci svanisce sotto il peso opprimente dell'inquinamento. Parchi e aree comuni, una volta santuari di riposo e impegno collettivo, diventano rifugi ostili deturpati dai residui tossici delle emissioni veicolari. Il senso di comunità, coltivato attraverso esperienze e interazioni condivise, si affievolisce, erodendo i legami sociali che un tempo univano le persone. Il ruggito incessante dei motori, il tanfo acre che aleggia nell'aria e lo sfondo costante di clacson si uniscono per privarci della tranquillità e della serenità che un tempo godevamo.

Tuttavia, le conseguenze vanno ben oltre i confini della salute individuale. Gli ecosistemi stessi che ci sostengono subiscono il peso delle emissioni veicolari. Gli alberi, un tempo protettori solidi delle nostre oasi urbane, vengono assediati dalle particelle nocive che si depositano sulle foglie, ostacolando la loro crescita e impedendo loro di purificare l'aria. L'equilibrio delicato della complessa rete della natura viene disturbato, poiché le piante lottano per la fotosintesi, gli uccelli e gli insetti vedono i loro habitat minacciati e la biodiversità complessiva dei nostri dintorni diminuisce.

Mentre attraversiamo le strade inquinate, assistiamo alla trasformazione sconcertante dei nostri paesaggi urbani. Gli edifici, una volta fieri e maestosi, portano i segni dell'erosione e del decadimento, le loro facciate offuscate dall'assalto implacabile di emissioni acide. Monumenti e punti di riferimento, simboli del nostro patrimonio collettivo, testimoniano le forze erosive dell'inquinamento, poiché la loro integrità declina sotto l'assedio di tossine aerodisperse. La bellezza delle nostre città, un tempo fonte di ispirazione, viene oscurata da una nebbia grigia che avvolge i nostri dintorni, celando le meraviglie architettoniche e le splendidezze naturali che un tempo catturavano i nostri sensi.

Se osserviamo intorno alle strade trafficate, la maggior parte dei veicoli, che potrebbero ospitare più persone, è occupata da una o al massimo due persone, ciascuna rinchiusa all'interno dei confini di metallo e vetro dei propri veicoli, attraversano le arterie asfaltate, la loro presenza solitaria moltiplicandosi esponenzialmente. Queste carrozze meccaniche, un tempo simboli di libertà e comodità, sono diventate agenti involontari del caos, dando origine a una sinfonia dissonante di traffico e inquinamento che avvolge i nostri paesaggi urbani. La vista ubiqua di un singolo individuo che occupa un'intera automobile incarna lo spreco e l'inefficienza che affliggono la nostra esistenza moderna. La promessa di mobilità e comodità personale è stata offuscata da una cultura che valuta il comfort individuale al di sopra del bene collettivo. Mentre i motori ronzano e i tubi di scarico esalano le loro emissioni tossiche, l'aria che condividiamo diventa gravata da un nocivo cocktail di inquinanti, soffocando le nostre città e i nostri polmoni allo stesso modo.

Abbracciando alternative di trasporto sostenibili, investendo in infrastrutture che supportano un trasporto pubblico pulito e frequente e promuovendo una cultura di consapevolezza ambientale, possiamo tracciare un percorso verso città più pulite e più sane e individui più sani e felici.

Traffico Veicolare

Il flusso inesorabile di veicoli, il loro movimento incessante e la sinfonia cacofonica che inghiotte i nostri paesaggi urbani, come un'arteria occlusa dai detriti della modernità, il flusso del traffico diventa una malattia metaforica che affligge la nostra coscienza collettiva.

Nella giungla di cemento, dove il tempo sembra scivolare tra le dita come grani di sabbia, la necessità di lunghi viaggi diventa una realtà inevitabile. Che sia per lavoro, svago o obblighi familiari, ci troviamo a percorrere grandi distanze, tessendo la trama delle strade urbane. Eppure, mentre intraprendiamo queste spedizioni, ci troviamo invischiati in un paradosso di nostra stessa creazione.

L'attrazione dei mezzi di trasporto personali, un tempo osannata come simbolo di progresso e comodità, si è trasformata in una spada a doppio taglio. Mentre i motori ruggiscono e le gomme stridono, i nostri spazi urbani sono assediati dall'onere della congestione veicolare. Il semplice atto di intraprendere un viaggio diventa un esercizio di resistenza, mentre ci muoviamo attraverso un labirinto di rallentamenti e ingorghi, il nostro prezioso tempo consumato dalla lenta marcia del traffico.

Il costante ronzio dei motori e l'acre odore degli scarichi permeano l'aria che respiriamo, avvolgendo le nostre città in un abbraccio tossico. Le ripercussioni sulla nostra salute sono molteplici, con la proliferazione di patologie respiratorie e il nostro benessere collettivo che soffre sotto il peso dell'inquinamento veicolare. I più vulnerabili tra noi, i giovani e gli infermi, subiscono il peso di questo assalto silenzioso, con i loro delicati polmoni alla mercé dei fumi nocivi che permeano l'ambiente urbano.

Inoltre, la natura prolungata dei lunghi viaggi incide sul nostro benessere mentale ed emotivo.

La monotonia del traffico intasato, la fila interminabile di luci freno che si estende all'orizzonte, diventa una testimonianza della natura frammentata della vita moderna. Le ore perse in transito, isolate all'interno dei nostri veicoli, generano un senso di disconnessione che erode i legami che un tempo univano le comunità. Il tessuto stesso della vita urbana, con la sua promessa di interazioni vibranti e spazi condivisi, viene logorato dai tentacoli allungati dei nostri spostamenti quotidiani.

Affrontando il complesso intreccio di problemi creati dal traffico veicolare e dai lunghi viaggi, dobbiamo osare immaginare una diversa narrazione urbana. Un futuro in cui la dipendenza dai veicoli individuali sia mitigata da un impegno collettivo verso alternative sostenibili. Un tessuto in cui efficienti e accessibili reti di trasporto pubblico attraversano le nostre città, offrendo una rete di connessioni e riducendo la pressione sulle nostre strade. Una visione in cui il ciclismo e il camminare prosperino come modi di viaggiare validi, riconquistando le nostre strade come arterie vitali di movimento e interazione umana.

Nel frattempo, mentre avanziamo a rilento, imprigionati nella congestionata immobilizzazione, il nostro spirito si stanca. Il monotono rombo dei motori si mescola alla cacofonia di insoddisfazione che riecheggia nelle nostre menti. Sospiri impazienti e gesti di frustrazione diventano il linguaggio della nostra frustrazione collettiva, mentre bramiamo un sollievo dalla stretta soffocante del traffico bloccato.

Violenza Urbana e Assalti

La violenza urbana, come una tempesta implacabile, lascia dietro di sé una scia di distruzione, frantumando vite e frammentando il tessuto sociale che ci tiene uniti. Mentre ci immergiamo nelle complesse sfaccettature di questo problema, ci troviamo di fronte a una moltitudine di cause che si intrecciano e alimentano la sua crescita virulenta.

Al centro di questo malessere si trova un profondo senso di dislocazione sociale, un divario sempre più ampio tra coloro che hanno e coloro che non hanno.

La disparità economica, alimentata da un sistema capitalista implacabile, crea un ambiente di disperazione e frustrazione. I marginalizzati e gli emarginati, intrappolati nelle spire della povertà e della disperazione, spesso si trovano invischiati in un ciclo di violenza come mezzo di sopravvivenza. La disperazione genera aggressività e la lotta incessante per risorse limitate diventa terreno fertile per conflitti che scoppiano.

Inoltre, il deterioramento dei legami sociali e della solidarietà comunitaria esacerba il problema. In un'era di connettività digitale, le interazioni faccia a faccia si affievoliscono e un senso di responsabilità condivisa si dissipa. I vicini diventano estranei e le strade un tempo familiari diventano territorio straniero. La perdita della coesione comunitaria lascia un vuoto, che viene prontamente riempito dalla violenza e dall'aggressività. Senza un senso di appartenenza e di responsabilità collettiva, gli individui restano alla deriva, vulnerabili all'influenza di gang e reti criminali che offrono una pervertita parvenza di cameratismo e identità.

Il crollo della struttura familiare gioca un ruolo fondamentale nel perpetuare la violenza urbana. Genitori assenti e famiglie spezzate lasciano le giovani menti suscettibili all'attrazione della cultura di strada e delle affiliazioni alle gang. Privi di orientamento e supporto emotivo, i giovani vulnerabili cercano validazione e appartenenza tra le braccia di coloro che promettono una distorsa identità e uno scopo. Le strade diventano sia un rifugio che un campo di battaglia, dove la violenza diventa un rituale contorto di passaggio, un modo per dimostrare se stessi e guadagnare rispetto.

L'istruzione, o meglio la mancanza di essa, è un fattore critico in questa complessa equazione. Sistemi educativi fallimentari, afflitti da insufficiente finanziamento, classi sovraffollate e un sistema educativo arcaico, generano un senso di disillusione e opportunità limitate. L'assenza di un'istruzione di qualità nega alle giovani menti gli

strumenti necessari per elevarsi al di sopra delle proprie
circostanze, perpetuando un ciclo di ignoranza e
disperazione. Senza accesso alla conoscenza, al pensiero
critico e allo sviluppo personale, gli individui restano
intrappolati in un ciclo di violenza, con il loro potenziale
soffocato e un futuro cupo.

L'influenza pervasiva delle droghe e dell'abuso di
sostanze intreccia ulteriormente le comunità urbane nella
rete della violenza. L'attrattiva delle sostanze stupefacenti,
spesso idealizzate dalla cultura popolare, offre una fuga
illusoria dalle dure realtà della vita urbana. L'abuso di
sostanze, con i suoi devastanti effetti fisici e psicologici,
erode il controllo di sé e alimenta comportamenti
impulsivi. Genera una cultura di dipendenza e
disperazione, in cui la violenza diventa una conseguenza
inevitabile della ricerca dell'ennesimo sballo.

Alla base di queste cause sistemiche vi sono norme
culturali e sociali profondamente radicate che perpetuano
la violenza. La mascolinità tossica, ad esempio, favorisce
una nozione distruttiva di virilità che equipara la forza alla
dominanza e all'aggressione. Questa miscela tossica di iper-
mascolinità permea il tessuto sociale, rendendo la violenza
un mezzo accettabile per esercitare potere ed affermare la
propria identità. Fino a quando non sfideremo e
smantelleremo queste norme nocive, la violenza
continuerà a prosperare come una manifestazione distorta
delle aspettative sociali.

Un'adeguata applicazione della legge e la mancanza di
fiducia nel sistema di giustizia aggravano ulteriormente il
problema. Quando le comunità percepiscono un collasso
dello stato di diritto, ricorrono all'autopreservazione,
prendendo in mano la situazione. Il vigilantesimo e la
giustizia di strada diventano la norma, perpetuando un

ciclo di violenza che opera al di fuori dei confini di un quadro legale equo e imparziale. Senza un senso di sicurezza e fiducia nelle autorità, gli individui si sentono costretti a difendersi, ricorrendo alla violenza come mezzo di sopravvivenza.

La proliferazione delle armi da fuoco, facilmente accessibili e abbondanti, infonde nella violenza urbana una potenza letale. La presenza di armi, nelle mani sia dei criminali che di coloro che cercano protezione, amplifica il potenziale di danni e fa salire i conflitti a livelli mortali. L'intersezione tra povertà, disperazione e la disponibilità di armi da fuoco crea una tempesta perfetta, in cui la violenza diventa una realtà inevitabile, lasciando vite distrutte e comunità devastate.

Il sensazionalismo dei media e la glorificazione della violenza perpetuano ulteriormente questo ciclo vizioso. Il bombardamento incessante di immagini grafiche e narrazioni distorte insensibilizza la società al vero costo umano della violenza. Normalizza l'aggressività, confondendo i confini tra intrattenimento e realtà. La riflessione distorta della violenza urbana rappresentata nella cultura popolare alimenta una fascinazione per la brutalità, perpetuando un ciclo di imitazione e rinforzo.

Man mano che ci addentriamo in questo labirinto di cause, diventa evidente che non esiste una panacea, una soluzione singola per il diffuso problema della violenza urbana. Richiede un approccio poliedrico, che affronti le cause radicate e al contempo attui interventi mirati. La disoccupazione e la mancanza di opportunità economiche sono potenti motori di violenza e rapina.

Controllo delle Droghe

I problemi del controllo delle droghe tessono una complessa trama che intrappola individui, comunità e nazioni. Per comprendere la natura sfaccettata di questa questione, dobbiamo analizzare gli strati del suo impatto, esplorando le cause e le conseguenze che permeano il nostro tessuto sociale.

Al centro della questione si trova il commercio illecito di droghe, una rete globale di mercati sotterranei che alimenta dipendenza, violenza e degrado sociale. La produzione, il traffico e il consumo di droghe perpetuano un ciclo di distruzione, intrappolando gli individui in una rete di dipendenza e criminalità. Questo problema pervasivo colpisce non solo le persone direttamente coinvolte, ma anche le loro famiglie, le comunità e le società nel loro complesso.

Una delle sfide fondamentali nel controllo delle droghe è l'attrattiva e la redditività del commercio illecito di droghe. La natura lucrativa del settore incentiva le organizzazioni criminali ad impegnarsi nella produzione e distribuzione di droghe, spesso sfruttando comunità vulnerabili e corrompendo le forze dell'ordine e i sistemi politici. I guadagni finanziari enormi generati dal commercio di droghe perpetuano un ciclo di violenza, corruzione e destabilizzazione sociale.

Un altro ostacolo significativo nel controllo delle droghe è l'interazione complessa tra offerta e domanda.

L'appetito insaziabile per le droghe, alimentato da fattori come le pressioni sociali, i problemi di salute mentale e le disparità economiche, crea un mercato che prospera nonostante gli sforzi per contenerlo. La domanda di droghe, sia sostanze ricreative che addictive, alimenta il commercio illecito, fornendo un flusso costante di entrate per le reti criminali.

L'applicazione delle misure di controllo delle droghe presenta le sue sfide. Il gioco del gatto e del topo tra le agenzie di polizia e i trafficanti di droga spesso porta a violenza, corruzione e spostamento delle rotte di produzione e traffico delle droghe. La vasta portata e la complessità del commercio delle droghe rendono difficile eradicarlo completamente o regolamentarlo in modo efficace, portando a un ciclo perpetuo di applicazione delle leggi e adattamento.

La criminalizzazione dell'uso e del possesso di droghe è un altro aspetto controverso del controllo delle droghe. Sebbene l'intenzione di tali politiche sia quella di scoraggiare l'uso di droghe e proteggere la salute pubblica, spesso porta a conseguenze non volute. La criminalizzazione spinge l'uso di droghe nell'illegalità, creando una cultura clandestina che prospera nel segreto e perpetua la stigmatizzazione degli utenti di droghe. Inoltre, mette a dura prova il sistema di giustizia penale, deviando risorse che potrebbero essere meglio allocate per sforzi di prevenzione, trattamento e riabilitazione.

I danni collaterali del commercio delle droghe vanno oltre le vite individuali. Intere comunità e regioni subiscono le conseguenze della violenza legata alle droghe, poiché le organizzazioni criminali lottano per il controllo di territori drogati redditizi. Questa violenza non solo rappresenta una minaccia diretta per la sicurezza delle comunità, ma ostacola anche lo sviluppo economico e la coesione sociale. Il ciclo di violenza e paura perpetuato dal commercio delle droghe erode la fiducia, interrompe il tessuto sociale e ostacola il progresso.

Una sfida significativa nel controllo delle droghe è la limitata disponibilità e accessibilità dei servizi di trattamento e riabilitazione.

I disturbi legati all'uso di sostanze sono complessi e richiedono un approccio olistico che affronti le dimensioni fisiche, psicologiche e sociali dell'addizione.

Tuttavia, la mancanza di finanziamenti adeguati, la presenza di stigma e le risorse limitate spesso lasciano le persone che lottano con l'addizione senza il sostegno necessario per guarire e reintegrarsi nella società.

L'interconnessione tra il controllo delle droghe e la salute pubblica è innegabile. I disturbi legati all'uso di sostanze contribuiscono a una serie di problemi di salute, tra cui

overdose, malattie infettive, disturbi mentali e un onere per
i sistemi sanitari. Affrontare il controllo delle droghe da una
prospettiva di salute pubblica comporta una transizione
verso strategie di riduzione del danno, come programmi di
scambio di siringhe, misure di prevenzione delle overdose
e accesso a trattamenti basati su evidenze.

Le attitudini culturali e sociali verso l'uso di droghe
svolgono anche un ruolo significativo. Cambiare la
narrazione da misure punitive a una comprensione
dell'addizione come un problema complesso di salute
richiede la sfida di credenze stigmatizzanti e la promozione
di empatia e compassione. Favorire un dialogo aperto,
ridurre lo stigma sociale e creare ambienti di supporto per
le persone in fase di recupero sono passi cruciali per
affrontare i problemi del controllo delle droghe.

Inoltre, è imperativo affrontare i fattori socio-economici
sottostanti che contribuiscono all'uso di droghe. Investire
nello sviluppo economico, nella riduzione della povertà e
nelle iniziative di inclusione sociale può mitigare i fattori di
rischio associati all'uso di droghe. Creando opportunità per
l'istruzione, l'occupazione e l'integrazione sociale,
possiamo dare potere alle persone e alle comunità per
liberarsi dal ciclo della dipendenza da droghe.

Anche i media hanno un ruolo nel plasmare le percezioni
e le attitudini del pubblico nei confronti delle droghe. Una
comunicazione responsabile che fornisce informazioni
accurate, sfida gli stereotipi e mette in evidenza le storie
umane dietro l'addizione alle droghe può contribuire a una
comprensione più sfumata della questione. Le campagne
mediatiche che aumentano la consapevolezza, riducono lo
stigma e promuovono il ricorso all'aiuto possono avere un
impatto significativo sul dibattito pubblico e sul sostegno
della comunità.

I problemi del controllo delle droghe sono profondamente intrecciati con fattori sociali, economici e politici.

Traffico di Esseri Umani

Il traffico di esseri umani opera come un'industria clandestina, guidata dal profitto e alimentata dalla disperazione delle sue vittime. La mercificazione delle vite umane non conosce limiti, poiché gli individui vengono comprati, venduti e trasportati oltre i confini, con la loro autonomia privata nel perseguimento del guadagno monetario. Questo problema pervasivo colpisce uomini, donne e bambini, sfruttando le loro vulnerabilità, come la povertà, la mancanza di opportunità e l'instabilità politica.

**Le ragioni che si celano dietro al traffico di persone
sono complesse e intrecciano fattori sociali, economici
e geopolitici. La povertà, l'ineguaglianza e l'accesso
limitato all'istruzione e alle opportunità di lavoro
creano un terreno fertile per i trafficanti che si
approfittano delle persone vulnerabili.**

Il traffico di persone si configura come un'industria
clandestina, guidata dal profitto e alimentata dalla
disperazione delle sue vittime. La mercificazione delle vite
umane non conosce limiti, poiché gli individui vengono
comprati, venduti e trasportati attraverso i confini, con la
loro autonomia privata nel perseguimento di guadagni
monetari. Questo problema diffuso coinvolge uomini,
donne e bambini, sfruttando le loro vulnerabilità, come la
povertà, la mancanza di opportunità e l'instabilità politica.

Nelle regioni segnate da conflitti, instabilità politica o
catastrofi naturali, le persone sono costrette a fuggire dalle
proprie case, diventando facili bersagli per i trafficanti che
offrono false promesse di sicurezza e una vita migliore
altrove.

La domanda di manodopera a buon mercato,
sfruttamento sessuale e servitù forzata rappresenta una
forza trainante, poiché le reti criminali capitalizzano la
richiesta di lavoro a basso costo in settori come
l'agricoltura, l'edilizia, il lavoro domestico e la manifattura.
L'insaziabile appetito per il sesso a scopo di lucro alimenta
il traffico di donne e bambini, perpetuando un ciclo di
abusi e sfruttamento.

Il modus operandi del traffico di persone è avvolto nel
mistero, impiegando coercizione, inganno e violenza per

controllare le vittime. I trafficanti spesso utilizzano pratiche
fraudolente di reclutamento, promettendo impiego,
istruzione o opportunità di matrimonio. Una volta sotto il
loro controllo, le vittime sono sottoposte ad abusi fisici e
psicologici, minacce e manipolazioni, rompendo
efficacemente la loro volontà e mantenendo la loro
subordinazione.

La corruzione e la complicità a vari livelli permettono il
continuo funzionamento delle reti di traffico di persone.
Dagli agenti dell'ordine che chiudono un occhio ai
funzionari di controllo delle frontiere che accettano
mazzette, la collusione di individui in posizioni di potere
consente ai trafficanti di operare impunemente. Questa rete
di corruzione non solo perpetua il ciclo del traffico, ma
mina anche gli sforzi per combattere questo crimine
odioso.

La natura transnazionale del traffico di persone
rappresenta sfide significative per le forze dell'ordine e la
cooperazione internazionale. I trafficanti sfruttano le
frontiere porose, utilizzando intricate reti e punti di
transito multipli per sfuggire alla scoperta. Inoltre, le
vittime vengono spesso trasportate attraverso più paesi,
rendendo difficile rintracciare i loro movimenti e
smantellare le reti di traffico.

Le persone vittime di traffico sono intrappolate in uno
stato di vulnerabilità e invisibilità, negate nei loro diritti
umani fondamentali e private della loro dignità. Molte
subiscono abusi fisici e sessuali, lavoro forzato e vivono in
condizioni deplorevoli. La lunga e duratura trauma
psicologico inflitto lascia cicatrici che potrebbero non
guarire mai completamente.

Le donne e le ragazze costituiscono una parte
significativa delle vittime del traffico, sottoposte a

sfruttamento sessuale e costrette alla prostituzione.
L'intersezione tra genere, povertà e discriminazione
amplifica i rischi che le donne affrontano e contribuisce alla
loro vulnerabilità al traffico. Favorire l'autonomia delle
donne e delle ragazze, garantire loro l'accesso all'istruzione
e all'occupazione, e sfidare le norme e la discriminazione di
genere sono passi cruciali per ridurre la loro vulnerabilità.
Approcci centrati sulle vittime che privilegiano la sicurezza,
la riabilitazione e l'accesso alla giustizia sono essenziali per
ripristinare i loro diritti e facilitare il loro reinserimento
nella società.

Il traffico di persone costituisce una grave violazione dei
diritti umani, perpetuando lo sfruttamento, la sofferenza e
la disperazione.

Schiavitù Moderna

La schiavitù moderna, una sinistra manifestazione dello sfruttamento umano, rimane una macchia sulla nostra coscienza collettiva. Per comprendere le intricazioni di questo fenomeno angosciante, è necessario attraversare i corridoi oscuri del potere, dell'avidità e dell'ingiustizia sistemica che lo sostengono.

Essa comprende una serie di pratiche sfruttatrici, tra cui il lavoro forzato, il legame del debito, la tratta di esseri umani e la servitù. Essa prospera nelle fessure delle catene di approvvigionamento globali, infiltrandosi in settori come l'agricoltura, l'edilizia, la manifattura e il lavoro domestico. Nella ricerca del profitto, le vite di innumerevoli individui vengono ridotte a meri beni, intrappolate in un ciclo di sfruttamento e soggezione.

Le cause della schiavitù moderna sono profondamente radicate nelle strutture sociali, economiche e politiche. La povertà, l'ineguaglianza e l'accesso limitato all'istruzione e alle opportunità di impiego creano un terreno fertile per la perpetuazione della schiavitù moderna. Le comunità emarginate, i migranti e gli individui che vivono in regioni colpite da conflitti e instabilità politica sono particolarmente vulnerabili a cadere preda delle spire dei trafficanti e degli sfruttatori.

Dietro i veli della schiavitù moderna si nascondono reti di criminali, trafficanti e datori di lavoro senza scrupoli che traggono profitto dalla sofferenza altrui.

Essi approfittano della disperazione, manipolando le persone attraverso coercizione, inganno e violenza. Le vittime spesso vengono attirate con false promesse di lavoro, salari decenti o una vita migliore, solo per trovarsi intrappolate in un ciclo di abusi, incapaci di sfuggire ai loro aguzzini.

La schiavitù moderna prospera grazie alla complicità e all'indifferenza sia delle persone che delle istituzioni. La corruzione, la debole governance e i quadri legali inadeguati creano un ambiente favorevole affinché trafficanti ed sfruttatori operino impunemente. La mancata applicazione delle leggi esistenti e la mancanza di protezione per le vittime perpetuano il ciclo della schiavitù, negando loro giustizia e perpetuando il loro dolore.

La natura transnazionale della schiavitù moderna presenta sfide significative nel contrastare questo crimine atroce. Essa oltrepassa i confini, con le vittime trasportate attraverso paesi e continenti, rendendo difficile tracciare i loro movimenti e smantellare le reti criminali. La mancanza di coordinamento e cooperazione tra i paesi ostacola gli sforzi per indagare, perseguire e estradare coloro che sono coinvolti nella schiavitù moderna.

L'ineguaglianza di genere svolge un ruolo di rilievo nella schiavitù moderna, con donne e ragazze colpite in modo sproporzionato dalle sue varie forme. Esse affrontano rischi più elevati di sfruttamento sessuale, matrimoni forzati e servitù domestica. La discriminazione, le norme culturali e le limitate opportunità economiche aggravano ulteriormente la loro vulnerabilità all'exploitazione.

La schiavitù moderna non solo infligge danni fisici e psicologici alle sue vittime, ma perpetua anche un ciclo di povertà generazionale. La negazione di istruzione, assistenza sanitaria e diritti umani di base intrappola individui e comunità in uno stato di vulnerabilità perpetua, limitando la loro capacità di liberarsi dalle catene dello sfruttamento.

Per le vittime della schiavitù moderna, la vita è un incessante incubo di sfruttamento e disumanizzazione.

Privati della propria dignità, essi sono sottoposti ad abusi fisici e psicologici, le loro identità cancellate sotto strati di oppressione. Ogni giorno diventa una battaglia per la sopravvivenza, una lotta costante contro le catene invisibili che li tengono legati.

Immagina di essere intrappolato in un ciclo di lavoro forzato, di lavorare incessantemente nei campi, nelle fabbriche o nelle case senza alcun riposo. Il peso dell'esaurimento schiaccia lo spirito, poiché alle vittime viene negato il riposo, costrette a lunghi e faticosi turni di lavoro e spesso costrette a sopportare condizioni pericolose. I loro corpi sono affaticati, consumati dai pesi del lavoro imposto loro.

Dietro porte chiuse, le vittime della schiavitù moderna sopportano gli orrori dello sfruttamento sessuale. I loro corpi diventano merci, oggetti destinati alla gratificazione altrui. La loro autonomia e il loro consenso sono brutalmente violati, lasciando cicatrici che vanno oltre il reame fisico. Il profondo trauma psicologico che subiscono permane a lungo dopo che le ferite fisiche si sono rimarginate.

Per coloro che sono prigionieri del debito, la libertà diventa un sogno irraggiungibile. Intrappolati da debiti insormontabili, sono costretti a lavorare indefinitamente, le loro vite ridotte a un ciclo infinito di servitù. La promessa di ripagare il debito è un'illusione, per sempre irraggiungibile, poiché gli sfruttatori manipolano gli interessi e trattenendo i salari, mantenendo le loro vittime in uno stato di schiavitù perpetua.

Il peso psicologico della schiavitù moderna è inimmaginabile. Alle vittime viene strappato il senso di autostima, le loro identità frantumate sotto il peso di abusi e umiliazioni costanti. Vivono in uno stato di paura perenne, ogni loro movimento viene monitorato, le loro parole silenziate. Il trauma che subiscono erode la loro fiducia negli altri e li lascia isolati, intrappolati in una prigione della propria mente.

La speranza diventa un ricordo lontano, poiché le vittime della schiavitù moderna sono intrappolate in un mondo privo di compassione ed empatia.

Vivono in costante paura di ritorsioni, silenziate dalle minacce di violenza nei loro confronti o contro i loro cari.

I confini della loro esistenza si restringono, i loro sogni sono schiacciati dal peso dell'oppressione.

Essere vittima della schiavitù moderna significa vivere nell'ombra, esistere ai margini della società. Il mondo intorno a loro rimane all'oscuro della loro condizione, le loro grida di aiuto soffocate dalla cacofonia dell'indifferenza. La loro sofferenza è invisibile, nascosta dietro porte chiuse e sotto la patina di normalità.

La fuga, se mai tentata, è un viaggio pericoloso. Le vittime affrontano il rischio di ritorsioni da parte dei loro aguzzini, così come l'incertezza nel trovare sicurezza e sostegno. La strada verso la liberazione è disseminata di ostacoli, dalla mancanza di protezione legale alla scarsità di risorse disponibili per aiutare i sopravvissuti.

Violenza Domestica

Nei luoghi intimi delle case, dove l'amore dovrebbe fiorire, si cela una realtà spaventosa che distrugge vite e segna le anime. La violenza domestica, un'epidemia silenziosa che prospera dietro porte chiuse, svela gli aspetti più oscuri della natura umana. Svelare le sue complessità significa immergersi nelle profondità delle dinamiche di potere, delle norme sociali e dei modelli ciclici che perpetuano questa forma pervasiva di abuso.

Al centro della violenza domestica si trova un tossico squilibrio di potere e controllo. I perpetratori esercitano dominio sulle loro vittime, utilizzando tattiche fisiche, emotive e psicologiche per imporre la propria autorità. Manipolano, umiliano e intimidiscono, erodendo l'autonomia e l'autostima di coloro che affermano di amare.

Le cause della violenza domestica sono radicate in una molteplicità di fattori. L'ineguaglianza di genere, le norme culturali che perpetuano valori patriarcali e la perpetuazione della violenza da una generazione all'altra giocano un ruolo nel suo perpetuarsi. Le disparità socioeconomiche, l'abuso di sostanze e i traumi irrisolti aggravano ulteriormente la probabilità di violenza all'interno delle relazioni intime.

Le conseguenze della violenza domestica sono estese e devastanti. Le vittime subiscono lesioni fisiche, sopportando il dolore e le cicatrici inflitte dai loro aguzzini. Tuttavia, sono le ferite invisibili a tagliare più profondamente. Traumi emotivi e psicologici affliggono i sopravvissuti anche dopo che i lividi svaniscono, lasciandoli con l'autostima distrutta, ansia, depressione e un profondo senso di isolamento.

Essere vittima di violenza domestica significa vivere in uno stato costante di paura e incertezza.

La casa, una volta santuario, si trasforma in una prigione di terrore. I sopravvissuti navigano in un terreno insidioso, camminando in punta di piedi attorno ai trigger, cercando disperatamente di evitare il prossimo scoppio di violenza. Le stesse pareti che li proteggono diventano cariche di un senso soffocante di apprensione.

La manipolazione psicologica inflitta alle vittime di violenza domestica è insidiosa. Il gaslighting, una tattica utilizzata dagli abusatori, distorce la realtà e mina la percezione della vittima delle proprie esperienze. Si fanno mettere in dubbio la propria sanità mentale, la loro intuizione viene silenziata dalle tattiche calcolate del loro oppressore.

L'impatto della violenza domestica si ripercuote nelle vite dei bambini che assistono e subiscono gli orrori. Diventano vittime in questa guerra all'interno delle loro case, lottando con il trauma che modella il loro sviluppo. Il ciclo di violenza minaccia di perpetuarsi, poiché crescono normalizzando comportamenti abusivi o diventando vittime o abusatori stessi.

All'interno della complessa rete della violenza domestica, un partner insidioso si cela, alimentando le fiamme dell'aggressività e perpetuando un ciclo di danno. L'alcolismo, con la sua presa distruttiva, gioca un ruolo fondamentale nell'intensificare la gravità e la frequenza dei comportamenti abusivi.

L'alcolismo, come malattia che dilania la mente e il corpo, spesso si intreccia con la violenza domestica, accentuando il suo impatto distruttivo.

Nelle profondità dell'ebbrezza, le inibizioni svaniscono e la razionalità cede a una nebbia di percezioni distorte. Le tendenze violente dell'abusante si scatenano, lasciando le vittime vulnerabili a un torrente di danni fisici ed emotivi.

L'alcol funge sia da catalizzatore che da scusa per comportamenti abusivi. Gli effetti disinibenti dell'alcol creano un ambiente in cui il controllo degli impulsi diminuisce, dando origine a scoppi di aggressività e azioni violente. Il consumo di alcol diventa un terreno fertile per confronti volatili, in cui i conflitti si intensificano a livelli pericolosi.

La natura ciclica dell'abuso, trasmessa di generazione in generazione, si intreccia con modelli di abuso di sostanze. L'esposizione durante l'infanzia alla violenza domestica può contribuire allo sviluppo di alcolismo in età adulta, perpetuando il ciclo di abuso in una sfera sempre più ampia.

L'alcolismo intensifica le dinamiche di potere all'interno delle relazioni abusive. La dipendenza dell'abusante dall'alcol amplifica il suo bisogno di controllo, erodendo ulteriormente l'autonomia della vittima. La presenza dell'addizione crea una sensazione di intrappolamento, poiché la vittima si sente costretta a proteggere e favorire il partner, intrappolata in un ciclo di codependenza.

Per le vittime di violenza domestica, la coesistenza dell'alcolismo all'interno del nucleo familiare coltiva un clima di costante apprensione.

L'imprevedibilità del comportamento dell'abusante sotto l'influenza dell'alcol amplifica la paura e l'incertezza che permeano le loro vite.

La minaccia pervasiva della violenza si fa sentire, aggravata dalla consapevolezza che la stessa sostanza agisce come catalizzatore dell'aggressione.

L'alcolismo e la violenza domestica formano una relazione contorta e simbiotica, ognuno rinforzando la presenza dell'altro. La dipendenza dall'alcol da parte dell'abusante funge da giustificazione, come scusa per le loro azioni violente. A sua volta, il ciclo di abuso alimenta il bisogno della vittima di far fronte alla situazione, spesso portandola a dipendere da sostanze come mezzo di fuga o automedicazione.

Il trauma emotivo e psicologico vissuto dalle vittime lascia cicatrici durature che vanno oltre le ferite fisiche. L'autostima viene erosa, la fiducia viene distrutta, mentre navigano in un paesaggio volatile in cui la loro sicurezza e il loro benessere sono costantemente a rischio.

I bambini esposti all'intersezione tra alcolismo e violenza domestica subiscono danni immensi. Assistere alla discesa dei propri genitori in un ciclo di abuso e dipendenza influenza la loro percezione delle relazioni, normalizzando la violenza e la disfunzione. Il trauma che subiscono può avere effetti duraturi, influenzando la loro propensione all'abuso di sostanze e la capacità di stabilire connessioni sane.

Liberarsi dal ciclo di violenza domestica è un compito monumentale. La paura, la dipendenza economica e la mancanza di sistemi di supporto spesso tengono le vittime intrappolate in relazioni abusive. Il coraggio di andarsene richiede una forza immensa, ma è accompagnato da sfide formidabili. Il rischio di una violenza in crescita, la paura di ritorsioni e lo stigma sociale legato all'abbandono rendono il percorso verso la libertà pericoloso.

Liberarsi dall'aggravio dell'alcolismo nel contesto della violenza domestica è una sfida formidabile. L'addizione dell'abusante spesso aggrava gli ostacoli alla fuga, ancorando ulteriormente le vittime in uno stato di impotenza. L'interazione tra dipendenza e controllo crea una dinamica complessa, rendendo difficile per le vittime separarsi dal ciclo di abuso.

I sistemi legali concepiti per proteggere le vittime di violenza domestica spesso risultano carenti. Legislazioni inadeguate, una mancanza di applicazione delle leggi e un'incapacità di fornire servizi di supporto completi lasciano i sopravvissuti vulnerabili a ulteriori danni. Il processo di ricerca di giustizia diventa un labirinto di ostacoli burocratici, aggravando i pesi delle persone già traumatizzate.

Il percorso di guarigione per i sopravvissuti alla violenza domestica è faticoso e non lineare. Richiede l'accesso a cure sensibili al trauma, consulenze e reti di supporto che possono fornire le risorse necessarie per ricostruire vite distrutte dall'abuso. Ma le cicatrici della violenza domestica sono profonde e la strada verso la guarigione è disseminata di ostacoli e trigger che minacciano di far cadere i sopravvissuti nell'abisso del loro passato.

La fornitura di spazi sicuri, rifugi e risorse è cruciale per offrire una via di salvezza a coloro che cercano di sfuggire alle relazioni abusive.

Carceri che non Riformano Nessuno

Nelle formidabili mura delle carceri si svela un paradosso: un sistema progettato per riformare e ripristinare, ma che alla fine diventa un terreno fertile per la perpetuazione del crimine e l'erosione del tessuto sociale. Queste istituzioni, concepite con nobili intenzioni, rivelano un problema sociale più profondo, un intricato intreccio di disuguaglianze e fallimenti sistemici che complottano per ostacolare il percorso verso la riabilitazione e alimentare il ciclo di reiterati reati.

Le carceri, nella loro attuale manifestazione, sono diventate un crogiolo paradossale in cui agli individui viene strappata l'umanità, soffocando il loro potenziale di redenzione. Invece di fungere da catalizzatori per il cambiamento, queste istituzioni si trasformano in palestre per il mondo del crimine, alimentando la criminalità anziché riabilitare coloro che sono sotto la loro presa.

La radice di questo fallimento sistemico risiede nell'interazione tra le strutture sociali e le circostanze individuali. Le carceri ospitano in modo sproporzionato individui provenienti da comunità emarginate, perpetuando un circolo vizioso di povertà, opportunità limitate e mancanza di supporto sociale. Essi sono intrappolati in una rete di svantaggio che ostacola la loro capacità di reinserirsi nella società al momento del rilascio.

Le condizioni disumane all'interno delle carceri aggravano ulteriormente il problema. Sovraffollamento, violenza e la mancanza di programmi riabilitativi erodono ogni speranza o possibilità di trasformazione. La natura punitiva del sistema penale privilegia la punizione rispetto alla riabilitazione, fallendo nel trattare le questioni sottostanti che spingono gli individui verso una vita criminale.

Le carceri, lontane dal fornire un percorso verso la redenzione, spesso esacerbano proprio le problematiche che si propongono di risolvere.

La mancanza di opportunità educative e lavorative all'interno di queste istituzioni perpetua un ciclo di competenze limitate e scarsa capacità occupazionale.

La vita all'interno di queste limitazioni è un viaggio angosciante, in cui i confini del tempo, della libertà e dell'identità si confondono e il peso dell'isolamento e dell'introspettiva grava pesantemente sui detenuti.

All'interno della stretta di una cella di prigione, il tempo si allunga, si distorce e si deforma. I minuti si fondono nelle ore, i giorni si confondono nei mesi e il trascorrere del tempo diventa un ritmo monotono, punteggiato dallo scroscio delle sbarre di ferro e dalle routine regolamentate della vita in prigione. Ogni istante, appesantito dal peso del confinamento, porta con sé il desiderio di un mondo al di là della portata.

La realtà fisica delle celle di prigione, claustrofobiche e disumanizzanti, diventa un microcosmo dell'esistenza dei detenuti. Quartieri angusti, condivisi con altri prigionieri, amplificano il senso di vulnerabilità e la costante presenza degli altri, amici e nemici. Lo spazio personale è un lusso, la privacy un sogno irraggiungibile, mentre i confini del proprio io si erodono all'interno dei limiti comuni.

In questo mondo, la routine diventa una salvezza: un fragile filo che ancorano i detenuti in mezzo alle onde tumultuose della vita in prigione. I modelli prevedibili di pasti, esercizio fisico e assegnazioni di lavoro forniscono un senso di ordine, un breve momento di tregua dal caos e dall'incertezza che permeano la loro esistenza. La struttura diventa un meccanismo di sopravvivenza, un modo per mantenere un minimo di controllo in un ambiente definito dalla sua assenza.

Il peso psicologico del carcere è profondo, poiché il peso del confinamento si fa sentire sullo spirito umano. La perdita della libertà, la separazione dai propri cari e l'erosione dell'agenzia personale gravano pesantemente sui detenuti. Depressione, ansia e un pervasivo senso di disperazione permeano l'aria, soffocando i sogni e le aspirazioni che un tempo definivano le loro vite.

Nel vuoto lasciato dall'assenza di distrazioni esterne, l'introspettiva diventa un compagno ineludibile. Nel silenzio della cella, i detenuti affrontano il proprio passato, le proprie scelte e le conseguenze che li hanno condotti a questo bivio. Rimpianti, rimorsi e un desiderio di redenzione riempiono il vuoto, mentre si scontrano con gli spettri delle proprie azioni e il sentiero incerto che si apre davanti a loro.

Nei corridoi delle prigioni emerge una gerarchia: un complesso ordine sociale definito da dinamiche di potere, istinti di sopravvivenza e sabbie mobili di alleanze. La ricerca di protezione, rispetto e status diventa una lotta costante, mentre i detenuti navigano le regole non scritte e i codici non detti che governano la loro esistenza. Atti di dominio, territorialità e sottomissione plasmano il tessuto sociale della vita in prigione, amplificando le disuguaglianze che permeano il mondo esterno.

Lo spettro della violenza incombe minacciosamente all'interno dei muri delle prigioni, un costante ricordo della fragilità della vita e della brutalità della sopravvivenza. Le tensioni ribollono sotto la superficie, eruttando in esplosioni di aggressività, alimentate dalla disperazione, dalla frustrazione e dalla costante minaccia del pericolo. In questo ambiente volatile, la linea tra vittima e carnefice si confonde, mentre il ciclo della violenza si perpetua nel crogiolo del confinamento.

Le persone rilasciate, prive degli strumenti necessari per una reintegrazione riuscita, si trovano intrappolate in un ciclo di povertà e recidiva.

Il fallimento della società nel fornire una rete di sicurezza per coloro che sono inciampati nel cammino del crimine contribuisce a questo ciclo di reati ripetuti. La stigmatizzazione e l'ostracismo sociale affrontati dagli ex detenuti rendono estremamente difficile per loro reintegrarsi nel tessuto della società. L'accesso limitato a alloggi, occupazione e reti di supporto li spinge nuovamente nelle mani del crimine.

Le lacune intrinseche nel sistema penitenziario riflettono una malattia sociale più profonda: una distribuzione diseguale di risorse e opportunità, un fallimento nel affrontare le cause profonde del comportamento criminale. La povertà, il limitato accesso all'istruzione e alle cure sanitarie, il razzismo sistemico e la mancanza di mobilità sociale creano un ambiente fertile per la perpetuazione del crimine.

Spetta alla società favorire un ambiente di empatia, comprensione e supporto per le persone che cercano di reintegrarsi nella società. Ciò richiede la demolizione delle barriere che stigmatizzano gli ex detenuti, fornendo loro opportunità di alloggio, impiego e accesso ai servizi sociali.

Al centro di questa trasformazione risiede la necessità di affrontare le disuguaglianze che alimentano la criminalità. Combattere la povertà, smantellare il razzismo sistemico e investire in programmi educativi e sociali che sollevino le comunità emarginate sono passi cruciali per rompere il ciclo del crimine e dei reati ripetuti.

In definitiva, l'obiettivo dovrebbe essere quello di spostare la narrativa dalla punizione alla riabilitazione. Il sistema penitenziario deve evolvere in un sistema di supporto completo che non solo renda le persone responsabili delle proprie azioni, ma fornisca anche gli strumenti e le opportunità necessarie per la crescita personale e la reintegrazione nella società.

Razzismo

Il razzismo rappresenta un filo dissonante che tessi una narrazione di discriminazione, ingiustizia e l'erosione dell'empatia. È un fenomeno che affligge le società di tutto il mondo, gettando una cupa ombra sugli ideali di uguaglianza e dignità umana.

Alla sua base, il razzismo affonda le radici in una paura profondamente radicata dell'insolito, dell'ignoto. È nutrito dall'ignoranza, perpetuato dagli stereotipi e alimentato da un senso distorto di superiorità. I semi del razzismo vengono seminati nel fertile terreno del pregiudizio, dell'ignoranza e dell'assenza di autentica connessione e comprensione tra gruppi razziali ed etnici diversi.

Storicamente, il razzismo è stato intrecciato alle dinamiche di potere del colonialismo, dell'imperialismo e dello sfruttamento di un gruppo da parte di un altro.

L'eredità della schiavitù, della colonizzazione e della sottomissione dei popoli indigeni ha lasciato cicatrici indelebili nelle società, plasmando le manifestazioni odierne del razzismo. È un'eredità che continua a riverberarsi attraverso le generazioni, perpetuando cicli di disuguaglianza e discriminazione sistemica.

Le conseguenze del razzismo sono di vasta portata, toccando ogni aspetto della vita umana. Gli individui che sopportano il peso del razzismo sono soggetti a discriminazione, emarginazione e opportunità limitate. Esso erige barriere all'istruzione, all'occupazione e alla mobilità sociale, soffocando il potenziale di coloro che ne sono presi di mira. Gli effetti corrosivi del razzismo si insinuano nella coscienza collettiva, generando diffidenza, risentimento e una fratturata identità nazionale.

Il razzismo va oltre le esperienze individuali, permeando istituzioni, politiche e strutture sociali. Esso perpetua disparità nell'accesso alle cure sanitarie, all'alloggio e alla giustizia, creando un sistema che svantaggia sistematicamente determinati gruppi razziali ed etnici. Il ciclo del razzismo diventa autoalimentante, poiché gli effetti della discriminazione ostacolano il progresso e rafforzano le disuguaglianze esistenti.

Il contesto storico del razzismo plasma le narrazioni contemporanee, poiché le comunità lottano con l'eredità dell'ingiustizia razziale. È una storia segnata da atrocità, lotte per i diritti civili e dalla resilienza delle comunità emarginate. Comprendere questo contesto storico è cruciale per svelare le complessità del razzismo e per tracciare un percorso verso la guarigione e la riconciliazione.

Il razzismo non solo influisce sulla vita di coloro che ne sono presi di mira, ma erode anche il tessuto della società nel suo complesso. Esso genera divisione, seminando semi di diffidenza e animosità tra gruppi razziali ed etnici.

La coesione sociale necessaria per una società prospera e inclusiva viene compromessa, poiché il razzismo favorisce una mentalità del "noi contro di loro", ostacolando la collaborazione e il progresso collettivo.

Essere vittime di razzismo significa essere negati il diritto fondamentale di essere visti e valorizzati come pari. Significa affrontare un incessante attacco di microaggressioni, insulti e commenti dispregiativi che erodono l'autostima e il senso di appartenenza. Ogni incontro rappresenta un doloroso ricordo che il proprio valore viene misurato attraverso il prisma dei pregiudizi razziali, perpetuando un ciclo di emarginazione ed esclusione.

Il razzismo infligge ferite profonde, lasciando cicatrici nella psiche e plasmando l'identità di una persona. Genera dubbi su sé stessi, oppressione interiorizzata e una costante lotta per conciliare la propria autenticità con l'immagine distorta proiettata da una società permeata di pregiudizi. Crea una sensazione di dissonanza cognitiva, in cui ci si trova divisi tra affermare la propria individualità e conformarsi alle aspettative sociali radicate in ideologie razziste.

L'esperienza del razzismo non è confinata a episodi isolati; permea ogni aspetto della vita quotidiana. Si manifesta sul posto di lavoro, dove le opportunità di avanzamento sono limitate e il soffitto di vetro sembra invalicabile. Persiste nelle istituzioni educative, dove il potenziale accademico è spesso oscurato da aspettative di parte e da un accesso limitato alle risorse. Si insinua negli

incontri con le forze dell'ordine, dove il profiling razziale e
il trattamento ingiusto rafforzano un senso di ingiustizia
sistemica.

Il peso psicologico del razzismo è profondo. Genera uno
stato costante di ipervigilanza, in cui gli individui sono
costretti a navigare gli spazi con cautela, anticipando atti di
discriminazione o ostilità. Provoca ansia, paura e una
perdita di fiducia nel tessuto stesso della società. L'impatto
cumulativo di queste esperienze può portare a problemi di
salute mentale, tra cui depressione, disturbi d'ansia e un
profondo senso di alienazione.

Gli effetti del razzismo si riverberano oltre l'individuo,
infiltrando le dinamiche familiari e sociali. Le famiglie sono
gravate dalla responsabilità di proteggere i propri cari dalle
dure realtà della discriminazione, trasmettendo la saggezza
necessaria per navigare in un mondo ostile. Le relazioni
sociali subiscono il peso del razzismo, poiché gli individui
possono trovarsi isolati o relegati a comunità segregate che
offrono conforto e sostegno di fronte alle avversità.

Le cicatrici del razzismo sono incise nella memoria
collettiva delle comunità. Diventano parte di un racconto
condiviso, un'eredità trasmessa attraverso le generazioni.
La storia dell'ingiustizia razziale, che sia radicata nella
schiavitù, nel colonialismo o nella discriminazione
sistemica, plasmando le esperienze attuali delle vittime del
razzismo. Alimenta una resilienza collettiva e una
determinazione nel smantellare le strutture che
perpetuano l'ineguaglianza.

Essere vittime del razzismo significa essere testimoni
delle contraddizioni e delle ipocrisie di una società che
esalta l'uguaglianza mentre perpetua la discriminazione
sistemica.

Per comprendere veramente l'esperienza di essere
vittima del razzismo, bisogna affrontare le verità scomode
che si trovano al cuore dei pregiudizi della società. Significa
riconoscere il dolore, la resilienza e l'umanità di coloro che
sono stati emarginati.

In definitiva, la lotta contro il razzismo è una lotta per
l'anima stessa dell'umanità. È un invito a riconoscere la
nostra umanità condivisa, a riconoscere il valore intrinseco
e la dignità di ogni individuo, indipendentemente dalla loro
razza o etnia. Esige che la società nel suo insieme affronti i
propri pregiudizi, smantelli le barriere sistemiche e lavori
per creare un mondo in cui tutti gli individui siano visti,
ascoltati e valorizzati.

Mancanza di Opportunità nella Campagna

Nella vasta estensione della campagna, dove i paesaggi si estendono lontano e largo, spesso si avverte un senso di isolamento e di limitate opportunità. Lontane dai vivaci centri urbani, le comunità rurali si confrontano con una mancanza di accesso a risorse cruciali, opportunità di crescita e la possibilità di costruire un futuro prospero.

La mancanza di opportunità nella campagna è un problema complesso con cause profonde. Uno dei principali fattori è la disparità di infrastrutture e investimenti tra aree urbane e rurali. Mentre le città godono di una concentrazione di risorse, tra cui istituzioni educative, strutture sanitarie e opportunità di lavoro, la campagna spesso viene trascurata, con conseguente distribuzione ineguale delle risorse e un limitato spazio per il progresso.

L'assenza di istituzioni educative adeguate aggrava il problema. Le scuole rurali spesso affrontano sfide come la scarsa finanziamento, strutture insufficienti e una carenza di insegnanti qualificati, tutto ciò in un sistema educativo già arcaico. Questo compromette la qualità dell'istruzione e limita il potenziale dei giovani, privandoli delle conoscenze e delle competenze necessarie per prosperare in un mondo sempre più competitivo. Di conseguenza, i giovani delle zone rurali si trovano in svantaggio quando cercano di accedere all'istruzione superiore o di entrare nel mercato del lavoro.

Un accesso limitato all'assistenza sanitaria peggiora ulteriormente la situazione. Le comunità rurali spesso faticano ad accedere a servizi sanitari di qualità a causa della mancanza di ospedali, cliniche e professionisti medici nelle vicinanze. Questo non solo influisce sul benessere fisico dei residenti, ma limita anche la loro capacità di svolgere attività produttive e perseguire opportunità economiche. L'assenza di infrastrutture e personale sanitario adeguati perpetua un ciclo di cattiva salute, ostacolando lo sviluppo complessivo della campagna.

Le opportunità di lavoro nelle aree rurali sono spesso scarse e limitate nel loro campo d'azione.

Le opportunità di impiego nelle aree rurali sono spesso scarse e limitate nel loro campo d'azione. Le occupazioni tradizionali come l'agricoltura, la silvicoltura e la pesca, che da tempo sostengono le comunità rurali, si confrontano con sfide legate a fattori come il cambiamento climatico, i progressi tecnologici e le oscillanti richieste di mercato. Il

declino di questi settori lascia molti residenti con poche
opzioni valide per la generazione di reddito e la stabilità
economica.

La mancanza di infrastrutture moderne, inclusi reti di
trasporto affidabili e una connettività digitale ampia e
veloce, isola ulteriormente le aree rurali. L'accesso limitato
ai trasporti pubblici rende difficile spostarsi e limita la
mobilità delle persone, rendendo difficile la ricerca di
lavoro o l'accesso ai servizi essenziali al di fuori della
propria zona. Inoltre, il divario digitale lascia le comunità
rurali disconnesse dall'era dell'informazione, limitando la
loro capacità di partecipare pienamente all'economia
moderna e di accedere alle risorse online per l'istruzione, le
opportunità di lavoro e l'imprenditorialità.

Le conseguenze della mancanza di opportunità nelle
campagne sono di vasta portata. Un senso di disillusione e
stagnazione pervade queste comunità, portando a una fuga
di talenti che cercano prospettive migliori nelle aree
urbane. Questa fuga di cervelli indebolisce ulteriormente il
tessuto sociale ed economico delle regioni rurali,
perpetuando un ciclo di opportunità limitate e di
decadenza.

La scarsità di opportunità nelle campagne ha anche
implicazioni sociali. Può contribuire a sentimenti di
emarginazione e frustrazione tra i residenti rurali,
alimentando un senso di risentimento verso i centri urbani
ed esacerbando le divisioni esistenti tra popolazioni rurali e
urbane. Queste tensioni sociali possono mettere a dura
prova l'unità nazionale e ostacolare il progresso collettivo.

Anche il significato culturale e ambientale delle
campagne è in gioco. La mancanza di opportunità può
portare all'abbandono delle pratiche tradizionali e
all'erosione del patrimonio locale, poiché le giovani

generazioni cercano opportunità altrove e le tradizioni culturali non vengono trasmesse. Inoltre, senza alternative economiche valide, potrebbe aumentare la pressione sulle risorse naturali, portando a uno sfruttamento insostenibile e a un degrado ambientale.

Vivere in campagna significa essere circondati dall'isolamento, dalle prospettive limitate e da un costante desiderio delle possibilità che sembrano sbocciare senza sforzo nei centri urbani.

In queste campagne prive di opportunità, il tempo sembra scorrere a un ritmo diverso. Le giornate passano in un ritmo dettato dalle stagioni e dalle routine senza tempo del lavoro agricolo. I centri dei villaggi, un tempo vivaci e pieni di attività, ora rimangono solo come resti di un'epoca passata, mentre i giovani si riversano nelle città in cerca di futuri più promettenti.

La mancanza di opzioni di impiego accentua le sfide affrontate dagli abitanti rurali. Le campagne diventano un luogo in cui le idee appassiscono, dove gli spiriti imprenditoriali restano insoddisfatti.

Mentre il giorno diventa notte, la solitudine delle campagne diventa palpabile. L'assenza delle affollate strade cittadine e del vibrante ronzio dell'interazione umana lascia un vuoto che non può essere colmato solo dalla bellezza della natura. È una solitudine che pesa sullo spirito, rendendo difficile sfuggire alla sensazione di essere lasciati indietro, dimenticati nel progresso del mondo.

In assenza di stabilità economica, la povertà si fa strada, stringendo famiglie e comunità nella sua morsa. La lotta per arrivare a fine mese diventa una battaglia quotidiana, poiché le opportunità di lavoro limitate e i salari bassi tengono le persone intrappolate in un ciclo di difficoltà finanziarie. I sogni di una vita migliore sfuggono sempre più lontano, sostituiti dalla costante lotta per soddisfare i bisogni di base.

Senza le necessarie strutture e servizi, l'accesso alle cure sanitarie diventa un lusso. Le campagne sono punteggiate da strutture mediche inadeguate, costringendo i residenti a percorrere lunghe distanze anche per i servizi sanitari più elementari. Condizioni di salute che potrebbero essere facilmente affrontate con un intervento tempestivo vengono lasciate peggiorare, mentre le persone sopportano il peso di disturbi fisici senza cure adeguate.

La mancanza di opportunità culturali e ricreative aggrava ulteriormente le sfide affrontate da coloro che vivono nelle campagne prive di opportunità.

L'assenza di teatri, musei e centri comunitari priva i residenti di spazi per l'espressione artistica, la stimolazione intellettuale e l'interazione sociale. Le esperienze culturali diventano tesori rari, riservati a visite occasionali alle città, lasciando un vuoto nella vita di coloro che cercano nutrimento intellettuale e culturale.

La mancanza di opportunità nelle campagne è un problema profondamente radicato che richiede un impegno costante e la collaborazione di governi, enti privati, organizzazioni della società civile e singoli individui. La collaborazione tra settore pubblico e privato è cruciale per promuovere lo sviluppo sostenibile nelle campagne. Ciò include la promozione degli investimenti nelle industrie rurali, il fornire sostegno finanziario e incentivi alle imprese per stabilirsi nelle zone rurali e favorire l'innovazione e l'adozione della tecnologia per migliorare la produttività e la competitività.

L'autore

Rove Monteux è un individuo poliedrico conosciuto per la sua esperienza in vari settori, tra cui strategia, gestione prodotto, design, composizione musicale e produzione. Nato e cresciuto a São Paulo, in Brasile, Rove ha vissuto anche in Irlanda ed attualmente risiede a Brno, in Repubblica Ceca. La passione di Rove per la creatività e la risoluzione dei problemi è emersa fin da giovane.

Durante il suo percorso professionale, Rove Monteux ha costantemente abbracciato la creatività, il pensiero strategico e un approccio multidisciplinare. La sua capacità di integrare senza soluzione di continuità la sua variegata gamma di competenze gli ha permesso di eccellere in diversi ambiti e di avere un impatto significativo in ognuno di essi.